JN099105

君なら、越えられる。

涙が止まらない、こんなどうしようもない夜も

ホラ
あーん

yuzuka

大和書房

深夜のファミレスには、物語がある。

パジャマ姿で泣いている子や
オシャレなワンピースを着て、じっと窓の外を見つめている人。

みんなが、「どうしようもない夜」を越えようともがいてるんだ。

だけどドリンクバーで何回コーヒーをおかわりしても、
その日の涙を終わらせる答えを出せないこともある。

そんなとき人は、「越えられない夜はないっていうけど、
この夜は例外なんじゃないかな」って、そんな気分になってきて、
自分の力では立ち上がれなくなる。

笑い声や話し声はたくさん聞こえてくるけれど、
それだけじゃあ、孤独は埋まらない。
「寂しい」って、人数じゃなくて、誰といるかで決まるから。

そして会いたい人にはたいてい会えないし
起こってほしい奇跡は、いつも起こらないものだ。

そんな夜に、この本を読んでほしい。
この本に載っているメニューはどれもありふれているけれど、
実はちょっとだけ特別だから。

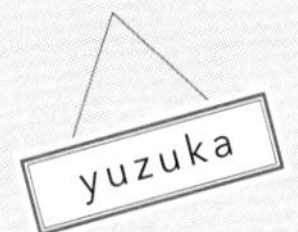

はじめに

うまくいかない日って、何もかもがうまくいかない。


鍵を忘れるし、なんにもない道で躓(つまず)くし、遅刻しかけているのに信号は全部赤で、ようやく着いた職場ではなんだか先輩の機嫌が悪い。

どうでも良いミスをする。

どうしようもなくなって一気飲みしたエナジードリンクで咳(せ)き込(こ)む。

せめて美味しいオムライスを作ろうと帰り道に寄ったスーパーマーケットでは、卵が売り切れていた。


どうしてこんなにうまくいかないんだろう。

私って、いつもこうだ。


夜中になってひとりぼっちで膝を抱える。

時計の針が進むのがやけに遅くて、胸がざわざわして、心臓を吐き出してしまいたくなる。

そんな夜、そんなついていない日の夜、つい、思ってしまうのだ。

越えられない夜はないって言うけど、朝日は必ずのぼるって言うけど、もしかしてああいうのって全部、嘘だったんじゃない？　って。

現に私は、このままこの夜に、飲み込まれそうなのである。

だけどそんなあなたに、気づいてほしいことがある。

それは、あなたの笑顔の重要性である。

なんとなくついていない日、私たちは「ついていないから笑顔になれない」って思うけど。本当はそれって反対言葉で、実は「笑顔じゃないからついていない」ことの方が多い。

なんとなく笑顔になれない日についていないことが起こるから、あなたの表情はどんどん曇っていく。

だからこの言葉を、覚えていてほしい。

世の中、あなたが笑顔なら、たいていうまくいく。

その夜を越えるのに必要なのは、あなたの笑顔なのだ。


多分最初はこの言葉を聞いてもぴんとこないかもしれないし、綺麗事に聞こえるかもしれない。

こんなに悲しい日に笑えだなんて、しんどすぎる。苦しすぎる。

笑えるわけがない。

私ならこの本をビリビリに破いてしまいたくなると思う。


だけど、そんなあなたにこそ、この本を読んでほしいのだ。


この本では、あなたと一緒に「あなたが笑顔になれない理由」を数えて、紐解いていく。ゆっくりと、ページを開いてみてほしい。

そこに書かれているのは、私の経験から得た、笑顔になるためのコツだ。

ファミレスのメニューにたとえられたそれぞれの項目に触れていけば、きっとあなたが笑顔になれない理由も、見つかると思う。

何があなたの笑顔を奪ったのか。
どうして笑顔になれないのか。
きっとこの本には、あなたの笑顔になれない理由への答えがつまってる。
そして、その「理由」との付き合い方が分かれば、きっとあなたはもっと、生きやすくなる。

誰かの乱暴な言葉や態度に傷つけられた日、昔の思い出に引きずられて眠れない日。なんとなくついていなくて、むしゃくしゃしている日。

どうかこの本が、そんな時に寄り添うホットミルクのような存在になることを祈って。

MENU

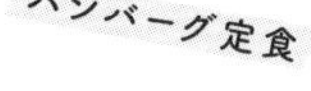

02

4種の彩り海鮮丼

パクチーサラダ

チョコバナナサンデー

「可愛くなりたい」という気持ち

ハンバーグ定食

ほくほくの塊をフォークで切り分けると肉汁が溢れ出す、
誰もが大好きな「ハンバーグ」。

僕らはいつだって、「ハンバーグ」みたいな存在になりたくて
だけど、どうしてもなれなくて、苦しかった。

だけど実はね、本当は私、「ハンバーグ」を
目指して苦しくなる必要なんて、ないと思うんだ。
だってみんなにとっての主役より、
誰かにとっての特別を目指すことのほうが
うんと大事だって知ってるから。

メニューの片隅にいたって、君がいれば微笑む誰かがいる。
本当に大切な誰かをまっすぐに射止める魅力が、
きっと君にだって僕にだって、あるはずだから。

可愛い友達に嫉妬してしまう時は、ポケモンを思い出して

――「友達が可愛すぎて嫌いになりそう」。そんな気持ちと戦うあなたが、卑屈な自分を嫌いになる前に身につけるべき考え方

この項のサブタイトルにある言葉は、私のSNSのDMにたびたび寄せられる人生相談の中に頻繁に含まれている文言だ。

・大好きな友達だけど、美人すぎてつらい
・いつも私が引き立て役になってしまう
・コンプレックスを刺激されて、しんどくなる

好きだからこそつらい気持ちが、痛いほど分かる。

そんなことにコンプレックスを感じて相手の欠点を探している自分が醜くて、ますます自分が嫌いになったりもするのではないだろうか。

さて、そんな相談に答えるつもりで、私が周囲の美人と呼ばれる友達と、どんな気持ちで付き合っているかを書いてみようと思う。

私は表向きには作家と名乗りつつ、インフルエンサーとして活動したり、舞台のプロデュースなども行っていたりするため、必然的に周囲が美人でいっぱいだ。類は友を呼ぶなんてのは嘘っぱちで、私が全く美人ではなかったとしても、舞台関係者の飲み会だとか、インフルエンサー界隈の集まりなんてものに顔を出すと、モデルや役者をしている子も大勢いるわけで、私のレベルとは関係なくおのずと周囲の顔面偏差値が高くなる。

彼女たちはたいてい内面まで繊細で優しくて、非の打ち所がなさすぎるケースも多いので、なんだか時々、自分と比べてへこんでしまう。

ある日もともと顔の可愛い子に、「どうやって美を保っているの？」と質問してみたら、「毎日毎晩、もっと可愛くなりたくて、ずっと鏡の前でおまじないしてる！」と答えられて、可愛くなるために毎日毎晩、美容整形数百万の見積もりと睨めっこしながら電卓を叩いていた私とは、生きる世界が違いすぎて笑ってしまった。

なんじゃそりゃ。あまりにも不公平じゃないか。

それでも彼女たちはまるで私の顔面が見えていないかのようにキラキラとした笑顔で「可愛いね」と褒めてくるし、行きつけの美容院やエステに、私のことまで誘ってくる。

時々、嫌みかな？　なんて思ったけど、悪気はないのだと思う。

純粋に友達として、一緒に良いものを共有したい！　という気持ちがひしひしと伝わってくるから。

だけど周囲から見れば私とその子の違いは一目瞭然で、一緒に歩いていれば、きっと悪い意味で目立つと思う。

私の友人に、松下侑衣花ちゃんという美容家がいる。

彼女の顔はひよこ豆くらいに小さくて、そんな小さな土台上の計算し尽くされたみたいな位置に、整った大きさのパーツが並んでいるもんだから、時々彼女の顔を見ていると、「なんでこんなに整っているの?」と、問い詰めたくなることがある。

彼女と出会った最初の頃、私はその外面の美しさに引け目を感じていた。

一緒にランチに行くのが恥ずかしかったし、彼女がおすすめする美容院なんて、絶対に行きたくなかった。

同時に、彼女に対しても、ずっと疑問を持っていた。

「私なんかと歩いていて、恥ずかしくないの?」って。


だけどなんだかんだと過ごすうち、付き合いは数年レベルになってきて、そうやって一緒に過ごしていたら、顔面のことなんてどうでもよくなったのだ。

彼女は「美人あるある」にのっとって内面まで可愛くて、いつもくるくると変わる表情を見ていると単純に楽しかった。

一緒にいる時は全く気取った様子を見せない。

ワンコインランチでご飯を大盛り食べるし、お腹ぱんぱんの状態にもかかわらず「このあとデザートに行きたいね！」と、キラキラした目でパフェに誘ってくる。

時々下ネタも言うし、大きな声で笑うこともあるし、反対にズタボロに傷ついて、悲しそうにしていることもある。

そんな彼女と過ごしていると、はっきり言って顔面のことなんて忘れてしまう。彼女が可愛くて自分が不細工だという事実なんて、正直言ってどうでもよくなるのだ。

私は彼女の容姿を見て友人でいることを決めたわけではなく、私がへこんでいる時にかけてくれた言葉や、どうでもいいことを話し合って笑ったあの時間が好きだから、一緒にいるのだ。

そして彼女にとっての私も、きっとそうだと思う。

自分の中の美意識が自分の容姿を受け付けず、コンプレックスを持っている人からすると、必死になって綺麗になりたいともがいている目の前で、なんのコンプレックスもないまま生まれてきた美人が楽しそうにしているのが、時々疎(うと)ましくなる。どんなリップを塗ったってその子の方が似合うし、その子が着ていて可愛かった服が、自分が着ると不格好になる。

「不公平だ」という思いに押しつぶされて、その子のことが嫌いになりそうにもなるかもしれない。

だけど、そんな時はもう一度思い出してみてほしい。

あなたはその子のどこが好きで、そばにいるのだろうか？

その子は、あなたのどこが好きで、一緒にいるのだろう。

可愛いから？　きっと違うはず。そんなどうでも良いことだけで一緒にいられるほど、人は暇じゃない。

それからもうひとつ、私がいつも持っている考え方を共有したい。

私たちはみんな、「ポケモン」だ。

なんの話？　なんて思うかもしれないけれど、ポケモンたちのことを思い出してほしい。

現在900弱いるポケモンの中には、どっからどう見ても可愛いピカチュウもいれば、虫のような見た目のやつも、ただうるさいだけに見えるやつも、図体がでかいやつもいる。

だけどそのキャラクターのどれもが、自分の武器を磨き、いきいきと戦っているのだ。

ピカチュウはカビゴンになろうとしないし、カビゴンは、ピカチュウになろうとしない。

あなたの隣にいる女の子は、あなたからしてみれば自分よりも可愛くて優れていて、嫉妬の対象かもしれない。

追いつけなくて苦しくなるかもしれない。

だけどそもそも、追いかける必要なんてないし、比較する必要もないのだ。

あなたにはあなたのカラーがあり、その友人やあなたの周りにいる大切な人たちはそのカラーに惹かれて一緒にいるのだから。

だからこそ、あなたが今すべきなのは、その子と自分を比較して落ち込むことではなく、あなたなりの可愛さを磨いていくことだと思う。

ポケモンも、アイドルグループだって。
十人十色だから面白いし、それぞれに魅力があり、ファンがいる。
もしもその子と一緒にいて苦しいのなら、まずは比べるのをやめること。

その子になんて、ならなくても良い。
あなたはあなたの色で。

苦しみからくる「可愛くなりたい」は、もうやめよう

——あなたの「可愛くなりたい」って、誰かに傷つけられたことが原因で湧き出た悲しい意味を含んでない？


あの光の中に行きたいと思った。

タワーマンションの最上階にあるバーや、クラブのＶＩＰ席。

そこはハイヒールとマイクロミニのワンピースが似合う、容姿の恵まれた女性だけが堂々と立ち入ることのできる特別な場所だ。

凛とした姿勢で、送られる視線を気にもせず歩いていく彼女たち。

通り過ぎていく時に残すのは、洗練された香水の香りだけだ。

彼女たちは細部まで徹底された美しさを持ち合わせている。

指先まで華奢で傷ひとつなくて、どんな洋服も化粧も、彼女たちに乗せれば完璧に輝いた。


私はそんな彼女たちを少し低い位置からぼーっと眺めながら、いつもいつも「ずるい」と、ただそれだけ思った。

彼女たちは生まれながらにして、特別な切符を手にしている。

どんな場所に生まれても、その切符さえあれば簡単に逆転できるだろう。

どこへだって行ける。あの美貌さえあれば。

シンデレラも白雪姫も、結局は美人だったから幸せになれたんだ。


私は心の底に、たくさんの言葉を溜め込んでいた。

小学生の時の初恋相手に言われた「ブス」という言葉や、道端を歩いている時に聞こえた「きつっ」って笑い声。

小さなひとつひとつを長いことかけて着実に積み上げて、気づいた時には、まともに集合写真にうつることさえも難しくなっていた。

笑おうとすれば「ブスが笑うとよけいにブスになる」と脳内でストップをかけてしまうし、泣きそうになっても「ブスが泣いても気持ち悪いだけじゃない」って、涙を飲み込もうとしてしまう。

私にそういう言葉を浴びせた誰かは、きっとそんなこと、覚えていないんだと思う。

思春期だったとか、酔っ払っていたとか、私の態度が気に食わなかったとか、そんな理由もあるのだろう。

だけど私は覚えている。

どの場所で、どんな顔で誰に何を言われたか、一言一句を覚えている。

「馬鹿」と言われれば「馬鹿じゃない」と言い返して勉強を頑張るし、「性格が悪い」と言われれば「ごめんね」と謝って悪いところを治せるけれど、「ブス」と言われたら、どうしようもなかった。

だって生まれた時からそうだったんだもん。

どうしようもないじゃん……。って、うつむくことしかできなかった。


容姿に関する言葉は、人の心をひどく傷つける。

誰かに言われた何気ないひとことが、一生の傷になってしまう。


可愛くなりたい。

きっと可愛くなれば、何もかもが解決するんだって、いつしかそう思うようになった。

うまくいかないことを全て容姿のせいにして言い訳を重ねて、塞ぎ込みがちになった。


結局私は29歳になってもその思いを捨てられず、美容整形をした。

思いつく限りのコンプレックスを治すために貯金を使い果たしたけれど、結局施述をして一年がたった今、まだ自分の顔を可愛いとは思えない。

きっとあの頃よりは良くなったはずだけど、周囲の人は褒めてくれるけれど、それでも昔言われた言葉が、いまだに私の心を凍らせているのだ。

「可愛くなりたい」という気持ちは、必ずしも前向きなものではないことを、私はよく理解している。

こんな洋服が着たいなとか、こんなメイクをしてみたいなっていう明るいものばかりなら良いけれど、きっと私の本を読む多くの女の子たちは、過去に背負ったコンプレックスから逃れたくて、絞り出すような思いで「可愛くなりたい」って口にするんだと思う。

私はその気持ちを否定しない。

整形手術をやめられない友達や、ダイエットがやめられずにやせ細っていく友達のこと、誰一人として否定しない。

だけど、たまに願わずにはいられない。
そういう悲しい「可愛くなりたい」を越えて、いつかみんなが笑顔で「可愛くなりたい」って言える日が来ると良いなって。

自分自身のことを「可愛い」とか「大切」だって認めるのはすごく難しいことだ。
私はその気持ちを痛いほど理解しているつもり。
だから、自分が納得できるところまでは努力しても良いと思う。

だけど、やっぱり思うんだ。
どうしても、あなたに気づいてほしいって。

あなたはもう、可愛い。
あとはあなたがそれを認めてあげるだけだと思う。

容姿いじりは「それ、Twitterでつぶやいたら炎上しますよ」で撃退

――自虐で言う〝ブス〟とメディアがネタにする〝ブス〟は全く違うもの。容姿いじりなしで笑いの取れないおばかにはこう対処すべし

時代が随分と変わったなあと思わせるもののひとつに、テレビ番組がある。たった数年前の恋愛ドラマを改めて見返すと、「これ絶対に炎上するやん」なんて顔をしかめてしまうようなストーリーや台詞に溢れている。「25歳を過ぎたらおばさん」「女は男に尽くすべき」「ブスは黙ってろ」時代とともに少しずつ常識がアップデートされて、今ではそういった言葉ひとつで炎上する世の中になってきてた。

そういった「現代の価値観」についていくのがやっとな私にとっても、トラウマになったテレビ番組がある。

それは年末年始に行われる特別番組で、女性芸人を中心とした「いじられ役」の女性たちが全身タイツを身につけて、ローションまみれの床を滑りながらゴールを目指すというものだった。

それを見て笑っているのは「ブスだ」とはしゃぐ男性芸人と、その横でくすくすと笑っている容姿を売りにしたタレントや役者たち。

毎年特番が放送される時期には、形は違えど、こぞって「いじりやすい女性が体をはっているのを見てブスだとあざ笑う男性と美人」という図を目にして、そのたびに嫌な気持ちになった。

幼いながらにそんな番組を見ていた私は、周囲の人間がそれを見て笑っていることに心底ぞっとした。

ひどい格好をさせられて、ひどい言葉を浴びせられるこの女性たちは、本当に傷つかないのだろうか？　と、本気で疑問だったし、仮にそれを本人たちが望んでいるのだとしても、その姿を見て笑っている人たちの笑いのセンスが全く理解できなかったのだ。

　これは恐ろしいことだと思った。

「あっち側」に行ってしまったら、すなわち周囲に「いじられる方」だと判断されてしまったら、こういう扱いを受けても笑っていないと、人間扱いされないのかもしれない。そう思った。

　今となってはインターネットが発達して、そもそも地上波を見ない私にとってそういった類の番組があるのかないのかは分からないけれど、それでもあの頃に感じた恐怖は、今でも私の心の中に居座っている。

　職業柄、自分よりも可愛い女の子たちのいる飲み会の席に行くことも多く、そこには仲の良い男性芸人さんなどが座っているものだから、その場の空気で「おまえもこの子たちみたいに美人だったらなあ」と言われても「そうっすね」と笑う以外に正しいリアクションが分からないし。

全然好みではない男性に「お前だけはそういう目で見られないわ」と笑われても「そんなひどいこと言わないでくださいよ」って、大声で突っ込む以外に、その場の空気をもたせられない。

私はいつのまにか身につけたテンプレートでそれらの言葉や空気をかわして、傷つく暇もないくらいに言い返せるようになった。

そしてそれは功をなして、私は「空気が読める優しいブス」として、可愛がってもらえることが多い。

だけどやっぱり。

その場では笑って飲んで「お疲れ様です」と別れても、自宅に帰ってほっと息をつきながら鏡を見た時、ひどく落ち込むのだ。

「私だって可愛い側にいたい。今日だって、そのために化粧をして行ったのに」って。

時代は随分と変わって、そういう言葉にストレートに傷ついたり、怒ったりしても良い時代になってきたんじゃないかなって思う。

昔は面倒くさがられるかもなって言えなかった「そんなこと言わないで」を最近、私は「それ、Ｔｗｉｔｔｅｒでつぶやいたら炎上しますよ」と言い換えて、相手にやんわりと伝えている。

女性芸人の中には容姿をいじられてこそ幸せだという人もいるから、この時代の変化を全ての女性が喜んでいるとも言い難いのは確かだが、それでもやっぱり、生まれたままの姿、自分の意思では変えられない部分について他人がとやかく言ってあざ笑うのは、どう考えても悪趣味だと思う。

生まれた肌の色や目の色の違いで差別をするなと言うのなら、鼻の形や目の大きさでも差別をすべきではないというのは、極めて当たり前だ。

これから先、時代はどう変わっていくか分からないけれど、もしも傷つくことを言われたら、素直に傷つくことを許される空気になるのを祈ってる。

だって女の子は誰だって可愛くありたいし、そのために服を選び、化粧をしているんだ。

余談だけれど、最近、オリエンタルラジオの藤森さんのＹｏｕＴｕｂｅチャンネルをよく拝見する。

彼はどんな女性芸人相手にも「可愛い」と伝え、その日来てきた洋服を、必ず褒めているんだけど。

彼のチャンネルに何度もゲストで出ている女性芸人は、回を重ねるごとにどんどん可愛くなっていく。

彼が必ず言及するから洋服もデート用を選んでくるし、ネイルをしてみたり、プレゼントにもらったバッグに合わせたメイクをしてきたりもする。

そういうのを見ていると、やっぱり女性って褒められるほどに美しくなるんだなって実感するし、実力さえあれば、わざわざ相手の容姿をいじらなくたってその場の空気を面白くできるんだって、痛感する。

もしも周囲でいまだに時代遅れの容姿いじりをしている人がいたら、そいつは笑いのセンスも技術もない、ただのばかだ。そんなやつには、冷めた目でこう言ってやれば良いと思う。

「それ、Ｔｗｉｔｔｅｒでつぶやいたら炎上しますよ」

「性格は顔に出る」は、本当

──美しくなるためには「笑う」こと。実はそれが、どんな化粧水よりも効く美容液だったりするんじゃないかな

「人相」という言葉がある。人の顔には、その人の生き方や性格、過去、人によっては未来までもが刻み込まれているらしい。

そんなばかなと言いたくなるところだが、多分これって本当だと思う。歳を重ねれば重ねるほど思うのは、人の美醜って表情で決まるんだなあ、ということだ。造形なんて、実はほとんど関係ないのかもしれないと思うほど、表情が美しい人は、美しい。

看護師として働いている頃、90代の患者さんの顔を毎日眺めていた。幸せにほがらかに生きてきた人はもれなく可愛くて、歯がなくなっても、しわまみれになってもなお素敵な色のマフラーが似合う、美しい姿のままだ。過去の写真を見てどれだけ美しくても、険しい顔で生きてきた人の顔には、その軌跡が残る。怒っている時に現れるしわが深く刻み込まれたままで、いつまでもむっとした顔のように見えたりもする。

これはいろんなところで書いている話だが、美容外科でのプチ整形は、「その人の幸せな顔に近づける」ものだ。笑った時に盛り上がる頰にヒアルロン酸を打ち、怒った時に刻まれるしわが出ないよう、ボトックスを打ち込む。

言い換えてみれば、毎日幸せそうに笑っていればその部分の筋肉が発達していくわけで、いくら年齢を重ねても若々しく美しいままなのである。

以前から私を知っている人ならご存じだと思うが、私は2019年に全顔を整形した。目と鼻のあらゆるオペを組み合わせ、8時間に及んだ大手術だった。

今、私の顔にはプロテーゼが入っているし、もともと右耳にあった軟骨が切りとられて、鼻の先に入っている。

目頭も切ったし、二重も広げたし、永久的なものではないがリフトアップもした。数百万円かかって手に入れた新しい顔は、たしかにちょっとは違うかもしれないけれど、原型は昔の私のままで、たった数百万円では、「別人！」とまではいかないという現実を思い知った。

さて、その数百万円をかけて全治半年以上を経て修復したこの顔を見て、周囲の人間が褒めたものは何か。

鼻の形でも、目の大きさでもなく、笑顔だった。

整形手術が終わってすぐにコロナの時代がやってきて、実はほとんど人に会えていない。それでも何かのきっかけで顔を合わせた人たちは、こぞってこう言った。

「表情が本当に明るくなった。笑顔が可愛くなった」

正直言って、笑った時の顔面の造形は昔とそんなに変わっていない。

私は笑うと目が完全に閉じてしまうので、二重が広がったことや目頭を切りとったことは関係しないし、口元には手を加えていないから、実質ほとんど昔と同じ顔なのである。

それでもやたらとそこを指摘されるようになったのは、単純に、笑顔が増えたからだと思う。

ちなみに私の顔の施術を担当してくださったのは、ご著書『すっぴんクオリティを上げる さわらない美容』でおなじみの、上原恵理先生である。

私が上原先生を主治医にしようと決めたのは、もちろん症例を見て技術的な面で信頼を置いていたのももちろんだが、それ以上に、発信されている美容整形への考え方に共感したからであった。

整形は魔法じゃない。整形したからといって、誰もが幸せになれるわけではないし、顔にメスを入れるのだからダウンタイムや、後遺症のリスクもある。全員が絶世の美女になれるのかと言われれば、そういうわけでもない。上原先生は、そういう多くの美容外科医が隠したがる部分についても、正直に発信している。

では、そんな先生は、どこを目指して患者さんに施術を行っているのだろう。これはあくまで私が先生の話を聞いて感じ取ったことではあるけれど、多分笑顔だと思う。先生はいつも患者さんの「笑顔」をゴールに見据えて、施術をしていた。はたから見ただけではほとんど変化のない数ミリ単位の整形だって、たくさんある。でも、そんな施術をするだけで、自分のことを好きになれて、人生に笑顔が増える人だっている。

先生が美容外科の施術を通して与えているのは、「絶世の美」ではなく、その人が自信を取り戻して笑顔になれるためのひと押しだと思うのだ。

整形をする前の私は、笑うことが怖くていつもうつむいていた。

整形をしたからといって自信に満ち溢れているわけではないけれど、それでも何かがふっきれて、自分でもよく笑うようになったと自覚している。

そして笑顔を褒められるようになり、先生にも笑顔の写真を送ったとき、「頑張ってよかったね」と、本当に喜んでくださった。

そういう状況を経て改めて、人の美しさは内面からにじみ出るものなのだと確信したのだ。

自信を持って思うがままに笑う人は、可愛いし、美しい。

たしかに容姿の不平等はあると思う。

生まれた瞬間から顔のパーツが黄金比そのものの人もいれば、コンプレックスを抱えている人もいるだろう。

それでも人を魅了するのは、いつだって笑顔の素敵な人だ。

美しくなりたいのなら、まずは笑うことだと思う。

卑屈になってコンプレックスにいじけて、嫉妬心を前面に出していると、顔の造形云々の前に、表情や仕草に、醜さがにじみ出る。

まずは笑うこと。実はそれが、どんな化粧水よりも効く美容液だったりする。

「絶対的な可愛い」なんて、存在しない

——人よりも唇があついとか、少し離れ目だとか。
そういうズレこそが、引き立たせるべきあなたの
「チャームポイント」なのだ

そもそも「可愛い」ってなんだろうって、よく考えた。

自分が可愛いなって思う相手のことを順番に思い浮かべてみるとみんな特徴はバラバラで、容姿の部分で同じようなタイプってわけではなかったりする。

誰かにとっては可愛くて、誰かにとってはそうじゃないって子もいるだろうし、「可愛い」って、人生を左右するめちゃくちゃ重要な要素のくせして、人によって、

場面によってグラグラと基準が変わる不確かなものだなって、ずっと思っていた。

この「可愛い」について本格的に勉強しようと思ったのが、美容外科で働きはじめた頃だった。

私自身が美容整形をしたかったというのも理由のひとつだし、そもそも人が目指す美とはなんなのか、興味があったのだ。

美には一応正式なお手本があって、それぞれの顔面のパーツが、「黄金比」に基づく位置と大きさに忠実であれば、誰が見てもぱっと見て美しいと思う顔になると言われている。

だけどもしそれが本当で、全員にとって同じ顔が美のルールなのであれば、大勢の人が整形を繰り返せば、みんな同じ顔に近づくはずだ。

だけど実際に手術に来た人たちは、驚くほどそれぞれ、違う目標を持っている。

「アンジェリーナ・ジョリーになりたいから唇を太くしたい」という人もいれば、「佐々木希さんみたいになりたいから、唇を縮小してほしい」という人もいるし、これ以上無理だってくらい目を大きくしたい人もいれば、二重の幅を減らしたいという人もいる。
アンジェリーナ・ジョリーさんや佐々木希さんは間違いなく美しいけれど、その二人だけ見ても全く同じ顔ではないし、やっぱり人によって「美」「可愛い」の感じ方は、かなり違うらしい。

そもそも美容外科の歴史を遡ると、最初に整形手術が行われるようになったのは差別への対策で、犯罪を犯した証として鼻を削がれた人に鼻の再建手術をしたり、ユダヤ人差別が行われていた時に、特徴的な鼻を削って迫害を受けることを避けるのを目的として手術したりしたことがはじまりだった。
その頃は美しさのために顔にメスを入れる人などいなかったのだ。

そこから、戦争で受けた傷を治療する際に、ただ傷を縫い合わせたりするだけではなく、どれだけきれいに、見た目を損なわないように手術をするかで、治療後の兵士の精神的苦痛の度合いが全く違うことに人々が気づいたことで、「見た目」というものが、人々の精神的な面で大切な役割を示すということを認められ、そもそも隠れて行われていた美容整形が、表の世界で見直されるきっかけとなった。

そこからようやく今の美容外科の歴史がはじまるわけで、みなさんも聞いたことがあるかもしれないが、日本人にとっての美と、欧米人にとっての美は、そもそも基準が全く違うものだった。

遥か昔はおかめのような顔が美しいとされた日本である。

きっと初めて欧米人を見た時は、驚いたのではないかと想像する。

だけど開国したあと、美容整形が日本に入ってきた頃には、今のようにみんながこぞって高い鼻と二重まぶたに憧れた。着物はワンピースになり、ヒールを履いてみたり、ハイカラな格好をしたりする女性も増えた。

日本が開国して、欧米の文化がなだれ込んだことをきっかけに、美の価値観が変化したのだ。

なぜこんなエッセイで美についての歴史をたらたらと書き綴るのか疑問に思うかもしれないが、私が分かってほしいのは、「美」の基準は、この短い歴史の中でも、こくこくと変化しているということである。

美容外科で働いていても、それを感じていた。

テレビでアメリカ系ハーフの芸能人が流行ればみんながその顔に近づけようとするし、韓国アイドルグループが流行れば、韓国人っぽい顔にしたいという依頼が増える。

そうやって人にとっての「美」や「可愛い」は、流行によって簡単に変わってしまう。

さて、では「美」の基準はなんなのだろうと、改めて考えてみる。

たとえばテレビに出ている芸能人のほとんどは、この黄金比から著しく逸れている人だったりする。

人よりも唇があついとか、少し離れ目だとか、鼻の位置が低いとか、そういうズレである。

でもそのズレこそがその人の個性になり、黄金比からズレたそのパーツがあるからこそ「特徴的で可愛い」と言われ、憧れられる人も多いのだ。

そこで考えついたのは、「絶対的な美」というのは所詮それぞれの頭の中にある空想のもので、多分存在しないのだ、ということだ。

そんなものはそもそもなくって、それぞれの個性を受け入れ、そこを引き立たせるメイクやファッションを取り入れることで、誰もが誰かの「可愛い」になりうるし、そこに明確な基準なんて、ないのである。

可愛くなるために本当に重要なのは、黄金比に基づく正しい位置についたパーツではなくて、多分自信とそれに伴う笑顔や仕草なのだと思う。

可愛くなるためには、まずは自分の顔と向き合い、受け入れることだ。そして、コンプレックスを隠そうとせず、引き立たせよう。

テレビを見れば、完璧な美人だと思えるような人で溢れかえっている。

私たちはいつも彼女たちを見て、自分がその人たちになれないことに落ち込む。
自分は美しくなくて、評価されないのだと、苦しくなる。
だけど多分、そうじゃない。

人の言う「可愛い」なんてグラグラとした不安定なもので、そんなものにしがみついていたところで、いつか流行が終わった時、代わりのものに取り替えられる。

私たちが目指すべきは、「唯一無二」の存在で、せっかく持っている自分だけの顔面のパーツを最大限に生かした、自分最大の可愛いである。
きっと今あなたが可愛いと思っている誰かは、それができている人なのかもしれない。

誰かになろうとしたって、なれない。
そんな不健康なことを目標にかかげるより、自分史上最大の可愛いになる。
それが重要なんじゃないかなって思うのが、最近の答え。

「自分を好きになりたい」という気持ち

4種の彩り海鮮丼

海鮮丼というのは、どうしてこうも魅力的なのだろう。

その理由は多分、ひとつの大きなものを
どんっとのせたものじゃなくて、いろんな小さな「好き」を
たくさん詰め込んだものだから、なんじゃないかな。

人生だって、同じでしょう。
自分を好きになるための理由を探す時、
それは特別に輝く大きなものじゃなくたって良い。
早起きが得意だとか、箸の持ち方が綺麗だとか、
誰にでも優しいだとか、そういうもので良い。
そういう小さくて、だけど特別なものを集めれば、
それは光り輝く、愛しさの塊になるはず。

トラウマを作った相手のこと、ちょっとだけ思い出してみて

――悲しい過去はできるだけ忘れてしまった方が良いけれど、本当の意味で乗り越えるには、一度だけ、正しい方法で後ろを振り返る時間も必要なのかもしれない

鏡の中の自分を見つめながら、「あれ？　私っていつからこんなにこの人が嫌いなんだっけ」って、そう思うことがあった。

この人というのは言わずもがな「私自身」で、鏡に映っているのは、その日失恋してマスカラが頰に流れ落ちた悲惨な顔の私だった。

何か傷つくことが起こるたび、私は誰かを嫌いになるよりも先に自分を嫌いにな

った。

私が綺麗じゃないからだ。

私がばかだからだ。

私が…私が……。

自分が信じたかった誰かを嫌いになるよりも、自分を嫌いになってしまう方がうんと楽だったから。


自分を嫌いになったきっかけは、ほんの些細なことだったと思う。

砂場でのいじわるとか、すれ違う人から聞こえた会話とか、どうでもいい誰かに言われた言葉とか、可愛い子の横で自分だけ受けたひどい扱いとか。

そういうので、だんだんだんだん、自覚して、塞ぎ込んでいった。

ああ、私には価値がない。私なんてって。


あなたにとってのそのきっかけも、きっと記憶の奥底に沈み込んでいて、時々浮遊してはあなたを苦しめるのではないだろうか。

そして、幸せになろうとした瞬間に、あなたのことを過去の世界に引き戻そうとするはずだ。

そのたびにあなたは幸せになることを諦めてしまう。

「私なんて」って。


そんなあなたに一度だけ、その痛みと向き合う時間を作ってみてほしい。

誰に何を言われたの？　どんなことがあったの？


どの瞬間があなたにとって、あなた自身を受け入れられなくなるきっかけだったのだろう。

つらいかもしれないけれど、見つめ直してみてほしいのだ。

そんな私自身、自分自身の自尊心の低さには随分苦しめられた。

容姿、性格、自分のどれをとったって、人よりも優れているところを見つけられなかったから。

過去に言われた言葉や嫌な記憶を思い浮かべては、自分が不幸でいるべき理由を探していたのだ。

だけどある時、ふと思った。

そのきっかけを作った誰かは、私にとって本当に大切な人だろうか？

その言葉は、人生を無駄にするほどの価値を持つものだろうか？　って。

そして、その答えは、NOだった。

NOだったのに……。

私の周りには、私を認めている誰かもいたのに。

私はいつも、どうでも良い人からのマイナスな言葉だけを信じて、飲み込んだ。

そうしていくうちにどんどんと自分が嫌いになっていった。

だけど時間がたって、改めて言葉や出来事を精査していくと、そのきっかけがいかにあほらしく、くだらないことだったかに気づく。

それもそのはずだ。

他の誰かを平然と傷つけられる人から発される言葉に、価値などあるはずがない。

私に必要だったのは、そんな人たちからの言葉を拾い集めて息苦しくなって自滅することではなくて、もっと近くにあった、見えなくなっていた、私自身を大切に思ってくれる人たちからの言葉を抱きしめることだった。


あなたを縛り付けている感情には、必ずルーツがある。

そのルーツを掘り起こして見つめ直すことって、実はとっても大切なことなのかもしれない。

素敵じゃない人が吐き出した言葉なんてどうでもいい

——あなたに暴言を吐いた人、攻撃をしてきた人。その人たちって、尊敬すべき、美しい人たちだった？

さて、自分を好きになれなくなったきっかけについて、私自身のことも話してみたいなと思う。

このストーリーって今思い出してもめちゃくちゃむかつくんだけど、もしかするとコンプレックスを乗り越えるために必要なことが、詰まっているかもしれないなって思うから。

小学生の頃、初恋をした。

あの頃から男の趣味が悪い私は、どうみてもイケメンではない、いつも同じ色のジャージを着ている年下の男の子のことを好きになった。

彼は一番目立つ男子同士で形成された仲良しグループの中で、いつも親分格の男の子の横にひっついて一緒にふざけているようなタイプの男の子だった。


きっかけは些細なことだったと思う。

たしか、ドッジボールで守ってくれたんだっけ。

小学生の時ってちょっと足がはやいだけで人気者ランキングの上位に食い込むシステムだったから、その小さな出来事は、私が初恋をするのには十分すぎるくらい特別な出来事だった。

私はとにかく彼が大好きで、その当時の「ちゃお」や「りぼん」に書いてあるおまじないはだいたい試したし、昼休みは彼が校庭で遊ぶのを渡り廊下から眺めたり、体育の授業がかぶって同じ時間に運動場を使うって情報を得た時は、自分なりに必死にオシャレをしてみたりと、半ば痛いストーカーのような状態だった。

だけどその当時、私は自分に自信がないわけではなかったから、自分の恋も少女漫画のように簡単に叶うって、信じてたんだと思う。

その恋は意外にも長く続き、とくに進展も見せないまま一年がたって学年が小学校6年生に上がった頃、私は親にすすめられた中学受験に合格して、地元から電車で1時間ほどかかる私立の学校に通うことになった。

私の地元は田舎だったし、中学受験はそんなに一般的ではなくて、そのまま公立の中学校に上がる子がほとんどだったから、たとえ住む場所が変わらなくても、なんだか大きな決断をした気になっていたし、周りの友達も、「あなたはみんなとお別れだから」って大げさなムードを漂わせていた。

そんな状況の中、卒業式まで一ヶ月を切った時にあったのが、バレンタインデーだった。

とくに渡すことは考えていなかったけれど、その年は卒業前ということもあって多くの女友達が一世一代の告白にそなえて手作りチョコレートを作る計画を立てていて、当然、クラス中で恋をしていることを話しまくっていた私は、「告白しなよ！」って、謎の応援モードに巻き込まれることになる。

だけど嫌々だったわけでもなくって、頭の中では少女漫画の主人公そのものだった私は、「みんなが応援してくれるなら」って、手作りクッキーを渡すことを決めた。

ラブレターまで書いて、好きな子に渡すんだって張り切る他の友達にまざって、丹精込めたクッキーを焼いたのを覚えてる。

そんなものを渡したら学校中の噂になることも分かっていたし、男子には相当冷やかされることも分かっていたけど、中学校になったら他の街に行ってお別れになってしまうというプレッシャーは、「告白しなきゃ後悔する」という後押しになった。

結局、私はバレンタインデーにみんながいる前で手作りクッキーを渡し、彼は冷やかされながらも受け取ってくれた。

今まで遠目で見ているだけだった彼が私の手作りクッキーを受け取ってくれたというだけでドキドキが止まらなくて、そこから毎日、友達との話題はホワイトデーで持ちきりだった。

そうやって恋バナばかりしていたら3月になるのはあっというまで、卒業式の少し前、私はその彼に放課後、呼び出されることになる。

呼び出しを受けた日、「絶対にホワイトデーだよ！」という女友達の黄色い声援がなりやまなかった。

私は「そんなことないかもよ」なんて照れ隠ししながら、本当は期待がいっぱいで、どきどきして、その日は学校どころじゃなかったのを覚えてる。

放課後になって、学校の帰り道に待ち合わせをしたみかんの木の前に歩いていく。

その日は、一番お気に入りの赤いワンピースを着ていった。

学校を出る前、トイレで何度も鏡を確認していると、周りの友達は「大丈夫だよ！」って、一緒にワクワクしてくれた。

待ち合わせにはひとりで行きたかったけど、結局みんながついてきたせいで大所帯になってしまった。

みかんの木にはすでに彼がいて、その周囲には彼のいつもの友達も集まっていたから、私はその光景を見ながら、「明日のゴシップニュースは、このことで持ちきりだろうな」と思った。

女友達のキャーキャーという声と男子のニヤニヤとした視線が絡まる中、私が彼にゆっくり近づくと、彼は私に紙袋を手渡した。

「ホワイトデー」

嬉しくて、夢のようで、でも恥ずかしくて、緊張して怖くて。

私は「ありがとう」と小さく言ってすぐ、反対を向いて全速力で走った。

みんなの声が小さくなってもまだ私の心拍は収まらず、体が汗ばんでいた。

私は家について自分の部屋に駆け込むと、母親が何かを叫んでいるのを無視して、もらった紙袋を、やっと見つめた。

開けてしまいたい気持ちと、まだとっておきたい気持ち。

嬉しくてドキドキしながら紙袋の中を覗いた瞬間、体中の血の気が引くのが分かった。

心臓の鼓動がさらに速まって、指先が冷たくなった。

袋に入っていたのは、私がバレンタインデーにあげたクッキーと手紙だった。

熊の型で作ったクッキーにうっすらカビが生えている。

そしてそれと一緒に無造作に入れられたノートの切れ端に、「ブス」と、ただひとこと、それだけが書かれてあった。

それからのことはあんまり記憶にないんだけど、私は多分女として初めて傷ついて、しばらくはご飯も喉を通らなかった。

当然のように持っていた自分への自信やリスペクトの気持ちも、その一件で全部崩れ去った。

紙に書かれたたった二文字。だけどその二文字は、一年以上片想いしていた相手からやっともらえた言葉だったから、だからその言葉は、鋭いナイフのように、私の心をえぐったのだ。


今思えば、それはただの出来心だったのだろう。

周りの友達に冷やかされて、ふざけてやったんだと思う。

どうでもいいことで、気にしないで良い。

だけどその当時の私は、そう思うことができなかった。

そしてその時にできた傷は思ったよりもずっと傷んで、大人になってもなお、冷たい出来事があると、ひりひりとしみた。


コンプレックスというのは、こういう風に形成されるんだと思う。

どうでも良い誰かの、なんにも考えていない軽いひとことが、誰かの心に一生の傷を残す。

謝られても、他の誰かにどんなに良い言葉をかけてもらっても、一度できた傷は、永遠に傷跡として残るのだ。

さて、そんな出来事も含めて、いろんなきっかけが重なってめちゃくちゃにさされだった私の自尊心だったが、何年も付き合ううちにどうにかまともな扱い方を身につけて、今ではそんなに自分が嫌いじゃない。

自分のことを絶世の美女とは思わないし、いまだに誹謗中傷を受けることだってあるし、道ゆく知らない人に醜い言葉をかけられることがないわけではない。

だけどあの頃よりも自分を好きになれたのは、私が誰よりも、自分のために自分を大切にするように心がけたからだった。

他の誰でもなく、自分のために可愛くしようと努力をして、自分を守るために、傷つける人からは遠ざかった。

そうやって生きていくうちに、私はいつのまにか自分のことを信頼できるようになったのだと思う。

だから私は今、私を傷つける人が嫌いだ。

そしてそんな嫌いな相手から言われる言葉なんかに、傷つかなくなった。

さて、初恋の男の子についての後日談を話しておこう。

実はあの出来事から数年がたったある時、Ｆａｃｅｂｏｏｋから一通の通知が届いた。

「元気？　久しぶりやな。かわいくなっててびっくりしたわ笑」みたいな、どうでも良いお決まりな内容だった気がするけど、あんまり覚えていない。

相手はもちろん、私に一ヶ月越しに手作りクッキーとブスという言葉を返却した、あいつだった。

おそらく彼にとってあの日は幼い頃の良い思い出で、「ごめんな。子どもやってん」と、笑って済ませられる出来事だったのだと思う。

それでいて、あれだけ自分のことが好きだったこの女は、数年たった今でも連絡さえすれば一発やらせてくれるかも、とか、そんなあわよくばで「友達かも」に表示された私に連絡してきたのだろう。

ばかばかしくて笑えるけれど、あほな男なんてそんなもんだ。

もちろんその頃にはもうすでに年上の彼氏に夢中だったし、例の思い出は脳裏によぎってすらいなかった。

それでいていまだに田舎から一歩も出ず、パチンコだけがお友達になっているという噂を耳にするだけの男に、その頃の私はもう興味はおろか、怒りすら湧くはずがなかった。

そのメッセージを見た私はただ鼻で笑い、そっと無視をするだけで、日常に紛れさせて葬って終わらせた。

そいつの言動からも分かるように、傷つけたやつはなんにも覚えちゃいないのだ。ただなんとなく、その場の空気に合わせてぽっと口にしてみただけ。それだけなのである。

想像力の欠如だ。とっても頭が悪い、可哀想でおばかな生き物。同情したい。

今の私にはそれが理解できるから、どうでも良い他人の言葉なんかには、傷つかなくなった。

時々私の記事がヤフーニュースに載るたびに、一定数「肉便器が喋るな」とか「整形したバケモノ」なんていうなかなかヘビーな暴言もとんでくるけど、今は一切気にならない。


だってそんな言葉を口に出せるやつに、素敵な人なんてひとりもいないから。

そして素敵な人以外の吐き出す言葉なんて、どうでもいいから。


コンプレックスの根本にある記憶は、幼い頃にかけられた何気ないひとこととか、道端で投げかけられた乱暴な言葉とか、親が押し付けてきた暴言とか、そんなものがベースになってることが多いのではないかと思う。

その記憶から抜け出すのは難しいけれど、だけどいつか、必ず気づく時が来る。

「あいつらどうせ、そんなの言ったこと、覚えてすらないよ」って。
いい加減なやつの言葉は、無視したら良い。
そして自分のために自分を大切にしてみて。
そしたらそのうち、必ず見返せる瞬間が来るからさ。

自分の幸せを、誰かに評価させないで

——世間からの目よりも、自分なりの結末に向けて足を進めていく。あなたが幸せなら、毎日カップラーメン食べて引きこもってたとしても、それは「最高の人生」だから

私は今年で29歳になる。

数年前に上京し、大好きな街で大好きな仕事に打ち込んだ。
評価されることが嬉しかった。自分の仕事が認められることが、誇らしかった。
落ち着いてきた頃、沖縄に移住した。
海が大好きで、飼い犬をビーチで散歩させたかったというのが大きな理由だ。

全ては順調だった。ただし「仕事だけ」は。

誰よりも充実して思い通りの人生を歩んでいるはずなのに、結婚して三人目の子どもをもうけた高校時代の友人は、同情するような顔つきで、いつも結婚をすすめてくる。

「もう30歳なんだから、結婚でも考えたら?」

誕生日が来るたびに言われる言葉。

実際、仲の良い友人たちはみんな結婚して、多い子だと四人もの子どもを育てていたりするもんだから、なんとも言えない、取り残されたような感覚に陥ることもある。

「でも私、いい加減心配やで。あんたがいつまでも独り身なん」

ある日の午後、学生時代の親友と電話をして数分、いつも通りにそんな言葉をかけられた。

やたらと早口な彼女の後ろで、ワーンワーンと、赤ん坊の泣き声がする。

「オムツ替えるし、またかけるね」

せわしなく電話は切られて、耳元には、機械音だけが残った。

彼女も半年前、母親になった。

「なかなかできない」と嘆いていた彼女から「できた」とメールが来た時、人はたった三文字でこんなに喜べるのかと思うほど、ここ数年で一番喜んだ。喜んだ、といっても、ちょっとジャンプしたくらいだけど。

だけど、嬉しいのと同時に少しだけ悲しくて、誰かに泣きつきたくもなった。

「うちらどうせ結婚もせえへんやろうし、歳とったら一緒の老人ホームに入ろうや」という約束を、言葉通り「約束」として捉えていたからだ。

子どもができると、どれだけ仲が良くて気の合う相手でも、話題、活動範囲、活動時間。突然全てが、一致しなくなってしまう。

私は彼女がそうやって「母親」になってしまうのが悲しくて、そしてその感情が汚く感じて、嬉し泣きで溢れる涙のうちの3%だけ、本当の涙をしのばせた。


だけどいまだにこうしてどうでも良い心配をしてくれるところから見て、「おばあちゃんになっても一緒にね」という言葉は、そこらへんの男の言ってくるソレよりも意外と真実味を帯びているのかもしれない。

そう思うようにしてから、私が流した3%の涙で希釈されていた薄汚い「かなしさ」とか「くるしさ」は、ようやく形を失って、寂しくなくなった。


人の気持ちなんて、簡単に変わってしまう。

未来なんて、約束できない。

どれだけその時には「真実」だと思い込んでいても、時間に透かしてみれば、そんなもろい真実は、溶けてなくなってしまう。そういうもの。人と人との関係なんて、そういうもの。

だからこそ私は、結婚が怖かった。

約束できるはずのないものを、紙切れ一枚で契約してしまうなんて、すえおそろしく感じたのだ。


そうやって歳を重ねていくうちに、いつのまにか29歳になった。

だけど、結婚はまだ、していない。したくもない。


たしかに私は結婚していないけれど、大切な人はいて、仕事もあって。

自分の手に入れたいものを手に入れる努力は、やってきたつもりだったし、幸せだった。

それでもみんな、どこか同情した目で私を見下ろす。

「どうして結婚しないの？」「もう30歳だよ」

そんなことがあまりにも続くから、「なんで私の一生懸命は、誰にも褒めてもらえないんだろう」と、泣きたくなった夜もあった。

一生懸命やってきた。
自分の人生は満足できるものだ。
だけど、私の幸せを、誰かが勝手に手にとって評価する。
そしてその評価はいつも、「可哀想」。
私の人生は、そんなにも惨めだろうか。
間違えているのだろうか。結婚していないだけで？　子どもがいないだけで？

だけど30目前となった今思うのは、やっぱり自分の幸せは、自分で決めるべきという、当たり前のことだ。

人には人それぞれの生き方があり、優先するものがあり、選択のとりかたがある。
今ここにいる私は間違いなく幸せで、私は、というよりも全人類どの人をとったって、「これをしなければ幸せになれない」なんてものは存在しないのだと、強く思う。

人生は広大なオープンワールドのゲームだ。

何を手にとって、何を目的に生きていくのか、誰もが自分で決められる。

人の価値観に左右されず、自分なりの結末に向けて足を進めていくことこそが本当の幸せなのかもしれないなって、ようやく今、そう思う。

あなたの笑顔を最優先すれば、周りも勝手に幸せになっていく

――相手を笑わせたいのなら、まずはあなたが笑うこと。相手を大切に思いすぎるがゆえに、忘れがちになっちゃうんだよね

「この人の幸せは、私の幸せだから」

若かった頃の私を含めて、こんな台詞を口にする女の子って実は少なくない。ＴｗｉｔｔｅｒのＤＭにも、「彼のためにはなんだってしたいんです」と訴える女の子からの相談があとを立たない。

自分が幸せになりたいというよりは、大好きな彼のために何かをしてあげたい、それこそが私の幸せなのだ、という考え方なんだと思う。

私自身、自分のために生きるよりも、誰かのために生きる方がずっと簡単に思えた時期があった。

高校時代なんかは、年上の恋人が唯一いろんな世界を見せてくれる、ある種、神様のような存在で、彼のためならなんだってできたし、尽くしている時間こそが新鮮で、幸せだった。

自分ひとりではどこへも行けないから、彼との時間こそが本当の自由で、彼といれば大人になれた気がした。

周囲の友達もみんなそんな状況で、休み時間は友達同士で話すのなんてそっちのけで、各自が彼氏とお揃いで買ったウィルコムで永遠に長電話していたなあなんて、そんなことを思い出す。

今思えば歪んでいるし、もっと友達同士で過ごす時間を大切にしたら良かったよね、なんて友達同士でもよく話すけど、実はそれって、あの頃の空っぽだった自分たちにとっては唯一の楽しみだったのかもしれない。

誰かのために尽くせば、その人から感謝の言葉をもらえたり、愛しい笑顔が返ってきたり、はたまた抱きしめてもらえたりすることすらある。


一方で自分のことを甘やかしても、とくに返ってくるものはない。

たしかに気持ち良くなったり、一瞬の幸せはあったりするかもしれないけれど、結局ひとりぼっちなら、何をしたってなんとなく虚しい。

いつまでたっても心が満たされないような気がするのだ。


だからこそ他人のためばかり尽くしてしまって、自分自身をないがしろにしてボロボロになった女の子を、何人も見てきた。

彼こそが全てで、彼をつなぎとめるためならなんだってできる。

そんな気持ちで自分の幸せはそっちのけで、彼のために自分の全てを捧げる。

違った角度から見れば、ある意味究極の愛のようにも思えるけれど。

だけど誰かのために何かをするのって、一見素晴らしいことではあるけれど、尽くす相手を間違えた時、それは地獄へのきっかけにもなりうる危険な行為だ。

さて、誰かのために尽くしてばかりいて、自分はいつも泣いているっていうそこのあなたに、ひとつだけアドバイスがある。

それは、「誰かを幸せにするためには、まずは自分が幸せでいること」。

本当に人に尽くしたいのであれば、実は自分が一番幸せでいる必要があるのだ。

当たり前のようで難しいことだとは思うけれど、一度試してみてほしい。

あなたが幸せを感じる時って、どんな時だろう。

きっと何よりも、周囲の人が笑っている時。とりわけ大切な人が幸せそうにあなたのそばにいてくれたら、心が満たされるのではないだろうか。

反対に、相手が幸せそうな顔をしていなければ、どれだけ素敵な状況に置かれていても、居心地の悪さを感じるはずだ。

大切なのは、「一緒にいる相手が幸せそうであるか」。

高級レストランで大げんかするよりも、大衆居酒屋でビール片手に大笑いしている方が、きっと楽しい。

見落としがちではあるけれど、実はそれって相手にとっても同じことなのだ。
あなたが笑っていることが、相手にとっての何よりもの幸せになる。

人は感情のエネルギーを伝達し合って生きている。
幸せな人の周りにいる人は、幸せになるのだ。
にもかかわらず、多くの人は、そこを間違える。
相手の幸せのために躍起になり、自分が笑うことをすっかり忘れてしまうのだ。
あなたが幸せそうに笑わない限り、相手にとっての幸せも、そこにはないはずなのに。

一方で、あなたが泣いている状況にもかかわらずあなたの横でぬくぬくと笑っている人がいるとしたら、それは「尽くすべきではない相手」だろう。

だからこそ、「誰かを幸せにするためには、まずは自分が幸せでいること」。

あなたを大切にしてくれる人は、あなたの幸せそうな笑顔に一番満たされるってこと、覚えていてほしい。

男の言う「可愛い」に、これ以上しがみつかないで

——あいつらが言う「可愛い」って、「タピオカ可愛い」くらいの意味しかないから。あなたが目指すべきなのは、代えのきかないもっと特別な「美しい」だ

自尊心を保つのに、男性からの評価を支えにしていた時期があった。

彼らは私を口説こうと最初こそ必死になってくれて、「きみだけだ」「今までと違う」「愛してる」なんて言葉を、惜しげもなくかけ続ける。

だけどいろんな恋愛をしていくうちに、気づいたのだ。

それ、みんなそう言う。

こぞってそう言う。

テンプレート化してる。


それに気づいた時、私は改めて、私の上を通り過ぎた男たちを思い浮かべてみた。

セックスをする時、彼らはみんな、私のことを心底愛しているような顔をして愛の言葉を与えてきた。

私の上を通り過ぎた男はみんな、同じ格好で、同じ表情で、同じ台詞を口にしていたのだ。


空っぽの男はみんな私を欲しがる。

それに気づいてからは、口説かれることに魅力を感じなくなった。

だって彼らは、「私」を見ていない。

彼らが見ているのはただのそこにいる手頃な女性であって、彼らの求める言葉や表情さえできるのなら、それは私ではなくて良いのだ。

「可愛い」も「好き」も、「素敵だね」も、そのままの意味なんかじゃない。

だから私は口すっぱく言う。

自分自身を評価することに、男を使うのは不健康だからやめた方が良いんじゃない？　って。

あいつらのする評価って、どす黒いものがたくさん混ざっていて、そこに正しい価値観なんてないから。

「女らしくて良いね」「モテるでしょ」

そんな言葉に、価値などない。

彼らが求めてきたから価値があるだとか、そうではないから価値がないだとか、そんなことで自尊心を保とうとしていたら、いつかぷっつり、糸が切れてしまう。

だって彼らは、あなたの外見にしか興味がないから。

私たちが生きていく中で、確実に失っていくものがある。

それは、「若さ」だ。

女性らしい美しさなんてのはいっときのもので、それは確実に揺らいでいく、不安定なものだ。

俗に言う「男性」、ここで言うそのへんにいるどうでも良い男たちにとっての女性的価値は、まさにその不安定な「美貌」や「若さ」であって、彼らからの評価は言わずもがな、関係を深めていくうちにおのずと下がっていくものなのだ。

だけど私は知っている。

「若さ」や「美貌」で、その人自身の価値なんてはかれない。

それはただの器であって、大事なものはその中に入っているもっと内面的な部分で、そこには「経験」とか「パーソナリティ」とか、そういうあなたにしかない、揺らがないものが入っている。

あなたの価値はそこで評価されるべきであり、そこを見ようともせず、外見だけに擦り寄る男たちからの評価なんてちっとも大切ではないし、そんなやつらからの「絶賛」は、もって数年なのである。

あなたが自分に自信を持ちたいのなら、まずは、男性からの評価で自分自身をはかるのをやめることである。

そんなことをしなくても、あなたが内面を磨き、正当な自己評価ができるようになれば、必ずその部分を評価してくれる誰かが現れる。

そしてそういった内面的な部分を見てくれている人からの評価は、ちょっとやそっとじゃ揺らがない。

自己評価だけで、自分の自信を保つのは難しいことを、私は痛いくらいに知っている。

人は時に失敗し、自信を失いがちなものである。

だけど他者評価だけに頼って、ぐらぐらと自立するのも難しいほど不安定な自尊心だけを頼りに生きていくのは想像を超えて難しいし、その「他者」を選び間違えた時にはもう、地獄が待っている。

だからこそ、まずは自分自身が納得できる生き方をしたうえで、その生き方を認めてくれる仲間を探す感覚で生きていくことが正解なのかもしれないと思うのだ。

仲間は良い。

恋人でも仕事相手でも家族でも友人でも、とにかく「仲間」という存在になった彼らは、あなたの本質的な部分を評価し、支えてくれるはずだ。

「仲間」というのは、同じ方向を向ける相手だ。

極度の恋愛状態で周りが見えなくなっている恋人同士や、不純な動機で結ばれている友人関係は、何か小さな不満やほころびがあるだけで解消してしまう。

あなたの長所だけに魅力を感じて一緒に過ごしている相手は、あなたの短所を見つけた時、受け入れられないのだ。たとえばあなたの外見の美しさにだけ惹かれている相手は、それが衰えれば自然と離れていくだろう。

人には必ず長所と短所がある。短所が受け入れられない相手とは、必ずいつか破綻する。

一方で「仲間」はどうだろう。

「仲間」。恋愛相手や仕事の同僚を「パートナー」と表現する人がいるが、それに近いものがあると思う。

同じ目標を向いて生きていく相手なのだから、長所は認め合い、短所は補い合うはずだ。

「仲間」は簡単に滅びない。

一度一緒に歩いていくと決めたら、相手のどんな面を見つけても、笑ってネタに変えていける。


まずはそんな仲間を見つけるために生きてみる。

まずは誰かにとって、自分がそんな仲間になる努力をしてみる。


そんな考え方も、自分を好きになる近道かもしれない。

「愛されたい」という気持ち

カレーオムライス

誰かを好きになる時、いつも気をつけていることがある。
それは、「その人がいないと美味しくない人生」を、作らないことだ。

忘れないでほしい。
あなたの人生は、それだけでも十分に美味しいのだ。
恋愛を含む人間関係は、あくまでスパイスにしか過ぎない。

ほら、このカレーオムライス。
カレーとオムライスは、それぞれ別々でも主役として成り立つのに
ふたつ合わさると、もっと特別なハーモニーを奏でる。

あなたの人生の味を、大切にすること。
誰かと一緒になって完全に混ざり合って、
自分の色を忘れてしまったら、もったいないじゃない。

時間と手間のかけ方だけが愛情のバロメーター

——彼があなたを好きかどうかは、甘い言葉でもなく、お金でもなく、時間と手間の使い方を見れば良い

世の中には、自分のガールフレンドに溢れんばかりの薔薇の花をプレゼントする男が溢れているらしい。

薔薇に限らなくても、至れり尽くせりの旅行へのエスコートや、高級バッグのプレゼントなんかも、同じような部類に含まれるかもしれない。

パシッと決めた高そうなスーツを着た男に渡される手紙に書かれた、歯の浮きそうな愛の台詞を読みながら、今まで与えられたプレゼントの総額を頭の中で計算し

てみて、ようやく女はこう思う。
「これだけ尽くしてくれるのだから、彼は私を愛してくれているに違いない」、と。

それと同時に、そんな彼女たちに羨望の目を向けるまた別の女たちは、インスタグラムにアップされる「#記念日」をスクロールして流し読みしながら、横目で自分の隣にいる冴えないボーイフレンドを見て、ため息を吐く。
「良いなあ、こんなに愛されて。私は彼に、本当に愛されているのだろうか」、と。だって彼は、インスタグラムに登場するその「彼氏」のように、私に手紙なんてくれないし、高価なプレゼントなんて、もらったこともないんだもん。って、そうやって。

あなたの彼氏が本当にあなたを愛しているのか、って質問の答えはおいておくとして、そんなあなたに、私は問いかけたい。

あなたが羨む手紙に書かれた甘い言葉や、薔薇の花の本数は、本当に愛のバロメーターなのだろうか。

愛を示す方法で最も簡単なのは、「甘い言葉」をかけることである。

なんてったって無料で、なんの下準備もいらずに相手を喜ばせることができるわけだから、少し頭の良い男は、こぞって「愛の言葉」を使って女を手に入れようとする。


「言葉よりも行動を見ろ」とは、ずいぶん的を射ている言葉だ。

薄っぺらい言葉には大概行動が伴っておらず、いつしか違和感を生み、そして、化けの皮が剝がれた頃には、空っぽの男がそこにいるだけだ。


だけどこの、「言葉で愛をはかるな」っていうのは基礎知識として頭の中に入っているのに、こと「お金」や「プレゼント」となると、急に我を忘れてしまう人が多いのはなぜだろうか。

「これだけお金をかけてくれるのだから、彼は私を愛している」

なんて愛のはかり方は、あまりに浅はかで、もう少し慎重になるべきだと思う。

ここで少し、きっと聞きたくない話をしよう。

みなさんは、男が風俗で女との時間を買う相場を知っているだろうか。

お店の形態やコンセプトにもよるが、だいたい2万円程度で、男は女の1時間を簡単に買えてしまう。

もちろん、そこにはお手軽な性的接触も含まれる。

そして彼らは女を買う時、慎重に選んだりなんて、しない。

「誰でも良いから2万円で抱かせてくれ」と、受付の胡散くさそうな男に金を託し、ワクワクした顔で、案内を待つのだ。


これに比べて、恋愛のなんて安上がりで高クオリティなことか。

自分好みの女の子とデートまでできて、体の関係も持てる可能性があるのだ。

少し高いディナーなど、痛くも痒くもない。


だから私は、あなたに気づいてほしい。

あなたには、価値がある。

あなたはちょっとのプレゼントで絆（ほだ）されても良いような、安上がりな女なんかじゃない。

そんなもので、いちいち喜んで我を忘れてはいけない。


それから、「お金」って、ようは労働や時間への対価によるもので、稼ぎの違いによって重みってのが全く違ってくる。

高収入な男にとって「お金を使う」ことは、「愛を囁く」のと同じくらい簡単で、それが愛のバロメーターなのかと言われれば、きっとそうではない。

それは、SNS上で知らない人に100万円を配る社長が高頻度で出没していることを見れば分かると思う。

そこに愛があるかどうかって、多分、いやきっと、ないはずだ。

だって、相手は知らない人でしょう。


ここまで読んでくれたあなたは、「言葉もダメ、お金もダメ。じゃあ、何で愛をはかれば良いの？」って、そう思うかもしれない。

私はいつもその答えとして、甘い言葉でもなく、お金でもなく、時間と手間の使い方を見るべきだって、伝えることにしている。

お金と違って時間って平等で、誰もが一日たった24時間のみしかないわけだから、それを多く使う相手って、やっぱりそれなりに大切な相手だって、そう思うから。

年に一度だけ現れて、1万本の花束と、世界中を巻き込んだとびっきりの愛の言葉を与えてくれる彦星よりも、毎日隣でニコニコ笑ってあなたの話を聞いてくれる彼氏の方が、きっとあなたを、愛しているんじゃないかな。

「これ以上の人はいない」なんてこと、実はほとんどない

――恋が終わりかけるたびにこの人以外は考えられないって嘆いてきたけど、振り返った今言えるのは、「まじで全員別れてよかった」です

恋愛の去り際というのは、難しい。

それはチョコレートの賞味期限に似ていて、いつが「もう本当にダメだわ」って状態なのか、食べてみてお腹を壊すまではなかなか見当がつかなかったりする。

まだ食べられる気がして、まだとっておきたくて、右往左往しながら検討に検討を重ねるわけだけれど、実はそうやって考える頃にはもう、中の方はすっかり「ダメ」になっているものだ。

恋愛って、簡単じゃない。

何回かデートを重ねて、相手が信用に値するのかを仲の良い友人に相談したりしながら時間をかけ、告白されるように仕向けて、そしてようやく、手をとりあう。

その過程は実に面倒くさい。

面倒くさいからこそ手に入れた時は嬉しくて、「二度と手放すものか」と誓いを立てるのだ。

ああ、この人は運命の人だ、運命の人に違いないから、大事にしよう……。

そしてその誓いは別れ際、たいてい悪い形に姿を変える。

「執着」である。

どれだけひどい今があったって、私たちは昔の彼を思い出す。

出会った頃の彼。優しかった彼。

初めてのデートで食べたかき氷の味、それから、初めて抱きしめられた時に吹いた風の温度。

そういう大切で繊細な思い出が、あなたを引き止める。

「本当にあの思い出を無駄にするつもりなの？」

どうにかすれば、戻ってくれるんじゃないか。

また、あの頃の彼に会えるんじゃないか。

そうやって思ってしまうから、別れるという選択ができない。


だけど、それはたいてい大きな間違いで。

時間をかけて剝がれた仮面の中身、つまりは今あなたの目の前にいる「最低な彼」こそが彼本来の姿なのであって、一度魔法が解けたあとに偽りの姿に戻ることは、もう二度とありえないのである。


だけどどうしても、彼以外の人と笑い合う自分が想像できないのだ、というあなたに私の経験からアドバイスができるとしたら。

「必ずもっと最高な、あなたを愛してくれる正しい人が現れるから、大丈夫」

それに尽きる。それしかない。

恋愛エッセイを書く中で「絶対にこうなるよ」って言い切ることはあんまりしたくないけれど、これぱっかりは１００％なのだから、自信を持って言い切りたい。

実を言うとこうしてこの文章を書いている私自身、どんなに腐りきった恋愛の最後にも「この人以上の人はいないわ」なんて嘆いて、泣き叫んでいた。

だけどひとつの恋愛が終わるたび、少し時間がたって後ろを振り返ってみると、「あんな人のどこが良かったの？」って、過去の自分に首をかしげたくなるし、ちょっと想像を膨らませて「もしもあのままあの人と永遠に一緒にいたら……」なんて考えた時には……ぶるっと身震いするほど、たいていは「現在」の方が幸せだ。

あなたを幸せにしてくれる誰かは、きっと、未来にいる。

その人に出会うために、つまらない男はさっさと捨てて、身軽になるべきだ、と、私はそう思う。

人はほうっておいても「大切な人を助けたい生き物」だから

——もしも横にいる人があなたの助けを求める声をないがしろにするなら、それはあなたのことを愛していない証拠かもしれない

さて、ここで。

少し意外かもしれないけれど、聞いてほしい。

「人は、人を助けたいものである」

どういう意味かさっぱりだって人は、この章を読み進めてみてほしい。

この世の中は、想像よりも、良い人に溢れている。

そりゃあたまには悪い人もいるし、運悪くそういう人ばかりに出会ってしまうこともある。

だけど私はそれなりに泥臭い人生や出会いを経験したこの29年間を振り返った時、やっぱり出会ったほとんどの人は良い人で、人間ってのは愛するべき存在だなあと、偉そうながらに、そう思うのだ。


人は苦しくなると、そんな愛するべき人間たちの本質を見失ってしまう。

自分が彼らを頼ったら、嫌われるのではないか、と、思うのだ。

大切な人たちだからこそ迷惑をかけたくない。

弱音を吐いたり、「助けて」と手を伸ばしたりして拒絶されることを恐れると、頼れない。


そして多くの人は不安を押し殺して元気なふりをしたり、悩み事を誰にも言わずに溜め込んだりしながら毎日を生きているのではないだろうか。

だけどここでもう一度、冒頭の言葉を持ってきたいと思う。

「人は、人を助けたいものである」


想像してみてほしい。

あなたにとって大事な人を助けるのは、苦痛だろうか？

いや、きっとそうではないはずだ。

少なくとも私にとってそれは、「苦痛」どころか「幸福」に値することだ。

自分の大切な人を守りたい。

自分の大切な人が泣いていたら、笑顔にしたい。

それはごく当たり前の感情で、どんな形であっても愛を抱いている相手に、誰もが感じることである。

だからこそ、大切な人に頼られると、人は嬉しい。

拒絶をするどころか、「話してくれてありがとう」と、感謝すらするかもしれない。

まずはそこを覚えておいてほしい。

そのうえで、もしもあなたがつらい思いをして泣いている時、面倒くさそうに舌打ちをしたり、ため息を吐いて存在を無視するような相手について、あなたはどう解釈するだろうか。

・私が弱いから、彼に面倒くさがられている
・私が面倒な性格だから、彼に呆れられている

そうやって、自分を責めている人がいたら、今すぐにやめてほしい。

違う、違うのだ。

彼が面倒くさそうにするのは、あなたが悪いわけなんかではなくって、冷たい言い方をしてしまえば単純に、彼があなたを愛していない、大切に思っていないから。

それに、尽きるのである。

人は、大切な人を助けることが幸福だと無意識の中から認識している。

大切な人の笑顔を作ることは何よりの幸福感に繋がるのだから、あなたのことを

大切に思う人は皆、あなたの笑顔のため、そして自分の幸福感のために、あなたの悩み事に向き合って、解決に導こうとする。

それはつまり、その反対に。あなたがつらい時に面倒くさそうにするその人は、あなたのことを大切に思っていないというのを受け入れて、私はやっぱり、あなたのことを大切に思ってくれる誰かを目指して、その人からは離れてほしい、と、単純にそう思う。

弱音を吐くのも、苦しくて誰かを頼るのも、なんにも悪いことじゃない。

一番大切なのは、あなたが手を伸ばした時に受け入れてくれる、あなたのことを大切に思ってくれる誰かを選別してそばにいることなんじゃないかなって、そう思う。

愛され術が、時代遅れとは限らない

――恋って釣りと同じで、なんでもかんでも針先にひっつけて水の中に投げ込めば良いってもんじゃない。大事なのは「何を狙うか」じゃない？

「愛されるための恋愛術」が、タブーになりつつある。女性の権利が叫ばれるこの世の中で、男性に愛されるために自分を押さえつけて小芝居をするなんて、そんな時代遅れなことがあるか？　ってそんな感じの雰囲気が漂っているのだ。

女性はありのままでも愛されるべきで、男性のために自分を変える必要なんてなくて、もっと堂々とやりたいように生きていく中で、そのままの自分を受け入れてくれる素敵なパートナーを見つけよう。ってな具合だ。

私はもう4年くらい、恋愛エッセイやコラムを書かせていただいている身なので、この時代の変化っていうのをものすごくひしひしと感じている。

恋愛に対する心構えが、明らかに数年前とは変わってきているのだ。

それと同時に、私たちのような物書きにも、時代に沿った「恋愛論」みたいなものが求められるようになった。

そしてそれは、私にとってめちゃくちゃに難しい課題だったりもする。

少し前、ある恋愛メディアで「同棲中のセックスレス」についてのコラムを依頼された。

私はかねてから、同棲というのは異性関係を保つのにものすごく難易度が高いものだと思っていて、極論、セックスレスになりたくなければ同棲しなければ良いのでは？　とさえ思ってしまうたちだった。

それは私の経験や周囲の友人の話に基づくもので、結局は長時間一緒にいて特別感がなくなり、自分自身をさらけ出しすぎることが異性として見られなくなる原因となってしまうから、できるだけ距離を置いたり、化粧をして出かける日を作ったり、何よりもせめて、裸でうろうろすることは絶対にないようにね、みたいなことを、たびたび文章に書いてきた。

その時も同じようなことを書いて原稿を担当者に送ったわけなのだが、その原稿を読んだ担当者から「これでは載せられない」と、返却されてしまうことになる。

実を言うと、私はコラムを寄稿した際、基本的に誤字以外の直しが返ってくることってほとんどない。

だからこそ突き返されるなんて初めての経験だったから、少し戸惑って理由を聞くと、

「これじゃあ無理をして男に媚びろという意味になってしまうから、時代遅れだ。ありのままで良いというメッセージを伝えてほしいから、書き直してほしい」

みたいなことを言われた。

ありのままって言われても……。というのが、その依頼への感想だった。

だって現実問題、セックスレスにならないための方法として手っ取り早いのは、相手に「異性」として魅せる努力をすることなのではないのか？　と思ったし、それ以外の答えがどうしても見つからなくて、私自身の視野が狭いのかと落ち込んだ。

結局その時は寄稿すること自体をお断りして、そこからしばらく、恋愛コラムを書くのをやめた。

「ありのまま」でいること以外を書けない恋愛論なんて、何を書いたら良いのか、分からなかったのである。

事実、私はそう言った類の恋愛コラムを読むたびに、いつも思っていた。

「それって美人限定じゃん」って、そんな風に。

努力もせず、わがままも言って、男ウケを考えずに好きな格好をして、それでも受け入れてくれる普通の人（年収高めで優しくて清潔感のある浮気をしない男性）

をゲットしよう。

そんなの不可能だし、もしも可能だとしても、それは「奇跡を待ちましょう」みたいな現実味のないことに思えた。

私の考えは古いかもしれないけど、だけど好きな人がいて、その人をどうしても手に入れたいのであれば、やっぱり多少戦略的に、その人に好かれる自分に寄せてみるのもありだと思う。

私はこの話をする時、いつも〝アメ女〟と「釣り」を思い出す。

アメ女というのは沖縄で米兵を狙う女の子たちの呼び名で、その名前には、あまり良い意味が含まれていない。

ようは「外国人と付き合いたがる女たち」みたいなニュアンスで、周りがばかにするためにつけられた名前だからあんまり好きではないのだが、だけど彼女たちの生き方は、とても興味深いものだ。

外国人が「美しい」とするアジア人女性は、黒髪ストレートのセンター分け、きりっと細い切れ長の目に、大げさなアイラッシュ。つりあがったかもめ型の眉に、へそだし、フープピアス。と、決まっているらしい。

そして〝アメ女〟と呼ばれる彼女たちは、まるで制服のようにそれに沿ったルックスを忠実に再現している。

みんなが同じ髪型、服装、メイクで、夜な夜な米兵が通うバーの集まる場所に出向き、彼氏を見つけるために奮闘するのだ。

彼女たちは、多分現代の目線で言えば、古い価値観とされる部類なのだと思う。男の好みのために自分の個性を一切殺し、媚びを売っているように見えるからだ。

だけど、じゃあ実際に彼女たちが不幸になっているか、と言われたら、全くもってそうではない。

少なくとも私の周りにいる女の子たちは、狙い通りにタイプの彼を見つけて恋人になったり、中には一緒にアメリカに帰って結婚した女の子さえいる。

いくら周囲が「古い」とかそんな風に言ったところで、やっぱり狙ったままの人生を手に入れた彼女たちは、勝ち組だと思う。私は。

釣りに関してもそうだった。みなさんが釣りをしたことがあるかは分からないけれど、私はそこそこ釣りが趣味で、はじめて数年になる。

釣りをしたことがない時は、なんとなく餌をつけて海に放り込んでおけば何かしらの魚が釣れるものなのだと思っていたけれど、実は釣りって、そんなに甘くない。

釣りをはじめたての時、釣具店に行っておすすめの餌を聞くと、いつも口をそろえて、こう言われた。

「で、何を狙いたいの?」

どんな魚を狙うのか、どこで狙うのか、どんな大きさが良いのか。

それによって、使う竿も、糸も、ハリも、餌も変わってくる。

それを理解しないでなんでもかんでも針先につけて投げていては、いくらそこに大量の魚がいても、釣り上げることはできない。

もしも欲しいものがあったら、やっぱり作戦を練って、戦略的に、相手が欲しがるものでゲットすることが大切なのだと、意図せず、釣りで恋愛を学んだ気になった。

アメ女と呼ばれる彼女たちも、釣りも、狙いを定めて、そこに直接アタックできるのは、やっぱり強いのだ。

私はこれからも、恋愛エッセイを書くと思う。

その中で、もちろん、条件付きではあるけれど「ありのままのあなたを受け入れてくれる人を見つけなさい」というメッセージも、発信していきたい。

だけどその一方で、もしも恋愛市場で勝ち残り、ゲットしたい誰かがいるのなら、やっぱり多少の努力は必要だとも思う。

それは恋愛だけに限った話ではなくて、恋愛に勝つためには自信が必要で、その自信を身につけるためには多少のおしゃれとか、言動に気をつけるだとか、そういう部分も必要だというのが、現実的なところだと思うからだ。

髪の毛ぼさぼさで、体形管理も怠り、化粧もせず、ムダ毛もそのままで、歯磨きもしないような人が、「ありのままの私で愛してよ」なんて叫んでも、誰も抱きしめてはくれない。

根本的なあなたは変えなくて良い。

だけど整えられる部分は整えて、ゲットしたい相手のために自分の方向性を定めることは、多分、「時代遅れ」ではないと思う。

ずっと女として見られたいと願うのは、自然なこと

――恋が愛に変わって家族みたいになって、セックスレスになってキスもハグも減るのなら、それならもういっそずっと恋のままが良いって、そう思う夜が私にもあった

私は昔、風俗嬢として働いていた。

そこに来る客はみんな「嫁とはセックスレスなんだよね」と話していたけれど、よくよく話を聞いてみるとそのほとんどは「俺が嫁を抱けない」であって、あくまでセックスを拒否する側の人間だったりした。

実は、「セックスレス」の相談って、圧倒的に女性からが多い。

「夫（彼氏）が抱いてくれなくなった」という相談はどれも切実で、読んでいるだけで苦しくなる。

かくいう私も、セックスレスに悩んだ経験がある。あの地獄とも言える苦しさと絶望と恥ずかしさは、きっと経験したものにしか分からないだろう。

女性にとってセックスを拒絶されるというのは、自分自身の魅力を全否定されるようなものなのだ。

いくら「そんなことはないよ」と言われても、そう感じてしまうのだから仕方ない。

関係が長くなればなるほど、「信頼」や「安心」が増えていくのと同時に、相手の「性欲」がこぼれ落ちていく。

最初は拒まなければ体力がもたないほどにせまられていたのが、徐々に誘われる頻度が減り、ついには誘っても「眠たいからまた今度ね」と、かわされるようになる。

セックスをしている時の男性は、必死だ。
いつも冷静で、普段はいろんなことに興味が分散している大好きな人が、私の体だけに集中して、私の裸を見て余裕をなくしているのを見ると、自分の女性としての魅力に自信が持てるし、何よりも彼は私に欲情するのだ、私のことが異性として好きなのだ、という安心感に繋がる。

だからこそ時間がたって、キスだけで勃起していたはずの相手が裸を見せても勃起しなくなって、しまいには中折れなんてしはじめて……最後には「眠いからまた今度ね」なんて、セックス自体を避けようとしはじめたら、私の女性としての価値はなくなってしまったのか……？　と考えてしまって当然だと思う。

私が以前付き合っていた人とセックスレスに陥っていた時も、そうだった。
言わずもがな私は「セックスを拒絶される側」で、傷ついていたなりには絶望せず、どうにかこの状況を回避しなくてはと手を変え品を変え、最善を尽くした。

マンネリがいけないのかもしれないとアダルトグッズを取り入れたり、新しいセクシーな下着を身につけたり。

すっぴんで過ごしていたのが悪いのかと、誘おうと思った日には家から出もしないのに、一生懸命メイクをしたりもした。

シャワーをして、ムダ毛をそって、いつもより良い匂いのするボディクリームを塗って、誘ってみる。

だけどいつも、「今日は疲れているから」と、そっぽを向かれた。

その日、相手はいつものように「眠いから」と私の誘いを断って、さらには触れようとした手を、払いのけた。

その途端、私の心はとうとう決壊して、一番やるべきではないと分かっていたのに、「どうしてセックスしたくないの？」と、問い詰めながら、泣いてしまった。

そんな私を見て、その相手は驚いた顔をしたあと、「そんなにヤりたいの？」とため息をついてから、「女がそんなに性欲強いの気持ち悪いんだけど。お前はもう家族みたいなもんだし、もうそういう対象に見られない」と、言った。

積極的に誘ってセックスを改善しよう！　とポジティブに捉えて行っていた今までの行動が全て逆効果だったのかと思うと笑えたけれど、それよりも何よりも、相手が想像している私が言う「セックスしたい」の中身が、なんだか私の思っているものからすごく外れている気がして、「性欲が強いからしたいんじゃないんだよ」と、かろうじてそう言ったのを覚えてる。

たしかに性欲といえば性欲だろうけれど、そんなことよりも何よりも、私はあなたにとって女性として価値があるって、そう認めてほしいんだよ。

私はあなたと家族になったとしても、やっぱりずっと「女性」として魅力を感じてもらいたいよ。って、私は心の中で、そんな風に思っていた。

みんなそうだった。

みんな最初は私をキラキラとした瞳で見つめているのに、数回、数回と愛を重ねるごとに、興味を失っていく。

愛し合ってお互いを知れば知るほど遠ざかっていくなんて、なんて皮肉だろう。

「セックスしなくても良い関係だってあるじゃない。それって素敵じゃん？」って、言う人もいると思う。

だけどそうじゃない人にとって、愛が深まれば深まるほど相手から魅力的に思われなくなるというのは、想像を絶するほどにつらいのだ。

時々、私の上に覆い被さった風俗客がこちらに向けるギラギラとした性欲まみれの瞳を見ていると、

「この人たちはお金を払ってまで私とセックスしたいのに、どうして私の彼氏は私が泣いてもしたくないって言うんだろう。無料なのに」

と、虚しくなった。

家に帰れば、彼がいる。

関係性は悪くない。

誰よりも自分のことを分かってくれて、安心できて、気も使わなくても良い相手がそこにはいて、唯一ないのは、セックスだけだった。

だけどそれだけなのに、私にはどうしても耐えられないほどに苦しかったのだ。

可愛いワンピースを着ても、新しい髪型にしても、素敵な下着を身につけても。

「可愛い」のひとこともなく、欲情されない。

私と彼は、「家族」になる。

それが、とんでもなく怖かった。

「嫁なんて抱けないよ、今更」

「もう10年も一緒にいるのに、今更女として見られないよ」

笑いながらそんなことを話していた、醜いお客さんたち。

体中に汚いムダ毛が生い茂っていて、口が臭くて。

メタボで、はげていて、性格もひんまがっている。

そんな、なんの努力もしていない男たち。

その向こう側に、私のように毎日口紅を塗って抱かれるのを待つ妻がいるかもしれないと想像すると、あまりにも不憫だった。

そんな奥さんを横目で見ながら、「新鮮さ」だけが取り柄の、可愛くもない私を抱きに来る男たちを見ていると、愛ってなんだろう、セックスってなんだろうと、どうしても考えてしまう。


どれだけ時間を共有して、どれだけ信頼を獲得して、思い出を作って、ともに困難を乗り越えても。

その先で抱きしめてもらえるわけでもなく、花束を買ってもらえるでもなく、「長く一緒にいすぎて魅力を感じない」と、裏切られる。

「女として見られない」

そこに愛は、あるのだろうか。


セックスレス問題の答えとか正解ってどこにもなくて、多分これは神様がちょっとミスをして起こってる。

「恋愛」におけるバグだと思うんだよね。

さて、物語の結末を書かなくてはいけないけれど、私はその当時の彼とはお別れしてしまったし、セックスレスをどう考えるべきなのかっていう答えは、まだ見つけていない。

だけどひとつだけ言えるのは、「セックスレス」って、どうでも良い悩みなんかじゃなくて、女の子の心をじりじりと殺していく、恋愛における致命的な問題だと思うから。

それを二人でちゃんと考えて、見つめて、寄り添い合える相手じゃないなら、やっぱりそこに「愛」はないのかもなって思う。

なんて締めくくろうかと小一時間悩んだうえでとにかく言いたいのは「セックスレスで悩んでるのはあなただけじゃない」ってことと、「セックスレスで悩むのはおかしなことなんかじゃない」ってこと。

あなたが苦しい理由は、誰とでも良いからヤりたい！　みたいな、そういう類の性欲が理由にあるわけじゃないってこと、私はちゃんと分かってる。

「傷つきたくない」という気持ち

季節限定
チゲ鍋うどん

チゲ鍋うどんは、寒い冬に最適だ。
あたたかくてスパイスが効いていて、体の芯からあったまる。

誰だって、寒くて凍えそうな夜には、
あたたかいものが食べたくなる。
どんな味かなんて二の次で、とにかく凍えて
泣き出しそうなのを、手っ取り早く解消したくなるものだ。

だけど私は、寒い夜にこそ、手を伸ばそうとしているそれが、
本当にあなたに必要なものかを精査してほしい。
手を伸ばしたそれが、本当の意味であなたを
あたためてくれるものなのかを、見極めてほしい。

あたたかそうだと咄嗟に抱きしめたものが、
冷めてしまってから見ると、思っていたものと違うって後悔、
人生ではよくあることだから。

良い言葉も悪い言葉も、まっすぐ受け取りすぎない

――人から言われる言葉って、実はほとんど間違っているって思っておいて良いくらい。かけられた言葉を精査する時間こそが、人生で余計な悲しみを増やさない鍵だったりする

傷つきやすい人ってどんな人だろうと考えた時、すぐに浮かぶのは、「素直な人」だ。

素直な人は、人から向けられた善意も悪意も全てまっすぐに受け止めるから、受け止めたものが害あるものだった時、深く傷つくのだ。

かくいう私も、恋愛においてはなんでも素直に受け取るふしがあり、傷つきやす

かった。

「受け止めて傷つく」というと、悪い言葉を受け止めすぎて傷つくことを想像するかもしれないが、その逆のこともある。

誰かに言われた褒め言葉や甘い台詞をすぐに鵜呑みにして、そのまま受け止めてしまうのだ。

裏があるような優しさも、ただの親切だと思って受け止めてしまう。

体だけが目的のうわべだけの薄っぺらい褒め言葉にも、いちいち喜んでしまったりもするだろう。

もちろん、悪いことだってそうだ。

どうでもいい人から言われた暴言をストレートに受け取って苦しくなったり、気の強い上司に言われたトゲのある言葉に、深く傷ついたりもする。

そうやって、良いことも悪いことも、他人から与えられるものをまっすぐに受け取りすぎていると、人は傷つき、そしてボロボロになる。

「素直」というのは、何よりも素敵なことだ。

ほがらかで天真爛漫で、誰もに幸せなオーラを与える人は、いつだって素直さを持ち合わせている。

だけど同時に、この世にはその素直さを利用して悪事を働くやつが一定数いることを理解しなくてはならない。

自己中心的な人たちは、人を選んで態度を変える。

素直で優しい人ほどいい加減に扱われるターゲットになりやすく、そうした人たちのせいで、一生消えない傷を残されたりもするのだ。

さて、では傷つかないために素直さを放り出すべきかと言われたら、そうではない。

それはあなたの誇りを持つべき長所であり、大切にすべき部分だ。

では、どうすれば良いのか。

答えは、素直さをそのままに、心の中だけで「はぐらかす」ことを覚えるのだ。優しさも、甘い言葉も、反対に傷つくようなひどい言葉も、真正面から受け止める前に、まずは「はぐらかす」というフィルターにかける。

自分ごとと捉えて喜んだり傷ついたりする前に、「なんか言ってんなあ」と、一旦、他人事のようにはぐらかしてみてほしい。

言葉というのは、良いことも悪いことも、簡単に投げかけられてしまう。

だけど、言った当の本人はそんなに深いことを考えていなかったりすることもよくあって、だからこそ最初からどかんと正面から受け止めてしまうと、それが仇となって、傷つくことが多い。

言葉は大切だけど、同時に、手軽だ。

そういうもの相手に一喜一憂するのって、ちょっと体力を消耗しすぎてしまう。

だから何か言われても、すぐには受け止めない。

ひとことで舞い上がったり興奮したりせずに、はぐらかす、というクッションをはさんでほしい。

もちろんそれを表に出すと嫌みに思われてしまうから、表では喜んでも良いし、悲しんでも良い。

ただ、あなたの心に入れる前に、少しだけ、言葉を精査する時間をとってほしいのだ。

そして時間がたった頃、たとえばその甘い言葉に伴って、行動でもあなたを大切にしてくれたら、そこで初めて「ああ、あんなこと言ってたけど、本当だったんだ」って、本当の意味で「あの時の言葉」を受け入れてほしい。

ひどいことを言われた時も、「そういえばあの人もそんなこと言ってたけど、確かにここは間違っていたかもな」って、あとから思うタイミングが来たら、その時にしっかり落ち込んだら良い。

人から言われる言葉って、実はほとんど間違ってるって思っておいて良いくらいだ。

みんな何もかもに対して専門家なわけじゃないし、どの人もだいたい、そんなに特殊な体験なんてしていない。
あなたの人生を一番分かっているのは、24時間365日あなたと一緒にいる、あなた自身だ。

だからこそ、他人の言葉は、そんなに簡単には重く受け止めないこと。
飲み込む前に精査する。
それが傷つかないための、一番の予防線かもしれないから。

#「いろいろごめん」で終わる恋に、これ以上時間をかけないで

——人を傷つけた人って、なんにも覚えちゃいない。あなたが尽くした回数も、許した回数も、相手にとっては「そんなことあったっけ」でしかないのだ

同じ誰かに何度も傷つけられた時、浮かんでくる言葉は「どうして?」だと思う。私自身、結局その言葉に着地して、去らざるを得なかった恋愛が、いくつもあった。

結局その「どうして?」に、それらしい答えが帰ってくることはない。散々傷つけられて、その理由さえも分からないなんて、たまったもんじゃないし、「あんたはどうしてそんなひどいことが平気でできるんだよ」って思うけど、多分

その答えって、そいつがそういうやつだったからって以外に、ないんだと思う。

たとえば私の恋愛史の中で、わりと存在感を残した元彼との時もそうだった。

彼とは4年付き合った。4年って、長い。

それなりに期待して、それなりに諦めた4年だった。

一緒にいたかったから試行錯誤したし、「さよなら」を言わなかった。

だけどその恋は、付き合って4年目の夏、ぱんぱんに膨らんだ私の堪忍袋がついに爆発して、ずっと言えなかったさようならを、苦しくて吐きそうになりながら伝えた時に、終わりを迎えることになる。

「私傷ついたんだよ」そう言って目に涙を溜める私を見もせずに、「だから何？」と、彼は言った。

慌てるでも、うろたえるでもなく、ごく自然に、そう言った。

タバコを吸う横顔は、出会った頃に見ていた時の彼と、そう変わらない。

隣に座った時に見える、整った鼻筋が好きだった。

伏し目になった時、長い睫毛が光に透けて茶色く見えるところも、好きだった。

タバコを吸いながら、たまにくすりと笑って、右斜め上を見つめながら、今日あったことの話をする彼が好きだった。


だけど何より好きだったのは、不器用そうな彼が必死に私を気遣って、彼なりの「好き」を、私に絶えず伝えてくれたその時間。

一緒にいるだけで幸せという言葉を体現しているなと感じたことを、今でも思い出す。


だけどその夜、煙越しに変わらない彼の横顔の背景に見えたのは、二人がなんとなく過ごした汚い部屋と、その床に転がる女物のハイヒール。

私がさっき投げつけた、彼の車の後部座席から出てきた浮気の証拠だった。

こんなことは、初めてではなかった。

何年か一緒にいるうちに傷つけられることを数えるのがあほらしくなるほど、彼は何度も約束を破って、私が泣きながら告げる「これが最後」を無下にした。

あの夜、それまで言えなかった「別れよう」という言葉を口にしたのは、私の涙がもう、流れなかったからだ。

終わりの合図だと思った。

言葉通り、私の涙はもう、かれてしまった。

それに、いくら泣いても叫んでも、彼に伝わらないことはわかっていた。

やりきれない気持ちの中でへたりこむように地べたに座って、私はつい、こうつぶやく。

「私たち、4年も一緒にいたんだよ。どうして」

それは、いろんな想いの詰まった言葉だった。

どうしてその時間を無駄にできるの？　という意味でもあったし、どうしてそれだけ一緒にいた相手を傷つけられるの？　という意味でもあったし。

もう、とにかくいろんな「どうして」が心の中でいっぱいになって、ぽろっとひとつだけ溢れた。

そんな言葉だった。

うつむきながら口からこぼれた気持ちの行く末を眺めている私の方を見ることもなく、彼はいつも通りタバコを吸い込んで吐き出して、まるでそのついでかのように「だから何？」と、言った。

私はその時に、ようやく悟ったのである。

私がいじらしく縫い合わせようとしていたこの細々とした、繊細で大切な彼との日常も、彼にとってはただ過ぎていく、どうでも良いものでしかなかった。

彼は私を傷つけた回数なんて覚えていないし、「ごめんなさい」も全てその場しのぎの息継ぎでしかない。

やるしかないからやった。その場を生きて泳ぎきるために、とりあえずやった、そんな感じ。

事実、彼はその瞬間でさえ、私がどうしようもなくこぼした言葉を拾い上げて精査したり慰めたりすることよりも、自分の指でタバコの灰を灰皿に落とすことを優先した。

「面倒くさい」という言葉が、聞こえた気がした。

彼の表情から、指先から、ため息の奥から。

そうだ、そうなのだ。

傷つけた側の人は、傷つけたことなんてなんにも覚えちゃいない。

恋愛はつぎ込めばつぎ込むだけ結果が出るものではない。

傷ついた分だけ幸せになれるわけじゃないし、優しくするだけ返してくれるわけでもない。

修繕しようと頑張ったって、一度壊れてしまった愛は、ほとんどの場合、もとに戻ることなんてないのだ。悲しいけれど。

最後の日、私が彼の部屋から出ていく時、彼が私を呼び止めた。

ようやく慰めの言葉でもかけるのかと思ったけれど、結局彼の口から出たのは、いつもと同じ温度の「いろいろごめん」だけだった。

その4年間、私が泣いた数々の夜も、彼にとってはたった四文字「いろいろ」だったのだ。

私は目を合わせない彼の表情を少しだけ見つめたあと、ようやく、心の底の方にまだ少しだけ残って行き場をなくしていた彼への未練を断ち切ることができた。

私は今でも思い出す。あの、4年間を。

彼に夢中で、友達との誘いを断ったあの日を。

浮気を疑って、携帯を見るか悩んで眠れなかったあの日を。

あの日々を、もっと早く「彼を吹っ切ること」に使っていれば、きっと私の心はあそこまで傷ついていなかったと思う。

泣いても、許すためにどれだけつらい思いをしても、あなたを傷つけた相手は、そんなこと、覚えちゃいない。

それはあなたの恋愛を良くする「尽くしてくれた」回数になんてカウントされていないし、彼にとっては嘘のつきかたや、あなたの説教を聞き流すスキルを身につけた出来事にしか過ぎない。

「いろいろ」でしかないのだ。

全て「いろいろ」で片付けられる。

人を平気で傷つける人たちにとってひとつひとつの出来事など、その程度のものでしかないから。

今、あの時別れを告げられず、ひとり部屋で泣いていた私に声をかけるとするならば。

「その男、一生変わらないよ」って、そんな言葉だと思うから、あなたにもその言葉を贈りたい。

傷つかないためには、あなたを傷つける場所から逃げる決意がいる。

その時一時的に受けるダメージは、あなたの人生を明るくするために必要なものなのである。

思い出は消せないけど、愛は消すことができる

――あなたが彼から離れられないのは、そこに美しい思い出があるから。前に進むためには、愛を断ち切って、その思い出を白黒に干からびさせる必要がある

「そんな男、やめといた方が良いよ」なんて言葉を聞くたびに浮かんでくるのは「そんなこと、自分が一番よく分かってるよ」っていう、苦くて痛いお決まりの台詞。

その人がどれだけ最低か、なんてこと、一番近くにいるあなたが一番分かっているはず。

だって傷つけられたのはあなた自身で、悲しくて泣いているのもあなた自身だも

の。

だけどそんなことを百も承知なのに離れられないのは、一度愛した人を嫌いになることが、想像を絶するほどに難しいからだ。

一度記憶に刻み込まれた美しい思い出は、一生、あなたの心から消え去ることがない。一生、である。

人はそのことを忘れがちだから、溜まった涙の奥に霞んで見えるその男のことを、「これだけ傷つけられたのにどうして嫌いになれないのか」と、もがき続ける。

どうして嫌いになれないのか、その答えはとってもシンプルで、その相手とあなたの間に、素敵な思い出があるから。あなたがその思い出から、離れられないからである。

過去の思い出が素敵であればあるほど、現状と比較すると、その落差にますます落ち込む。

落ち込むだけではなくて、「どうにかしたら、あの頃に戻れるのでは?」なんて可能性にかけたくなる。

どれだけ今目の前にいる彼が最低に成り果てていても、あなたは思い出に縋ってしまうのだ。

そんな状況のあなたにかけるアドバイスがあるとするならば、

「『思い出』と『愛』を分離させて捉えること」

かもしれない。

「思い出」は、一生かけたって、なくならないものである。

過去に過ごした彼との素敵な日常は、これからも永遠に、あなたの心の中に蓄積され続ける。

では、「愛」はどうだろう。

愛は、消すことができる。

時間がかかるかもしれないが、あなたがあなた自身のためを思った選択をする時、あなたを傷つける存在への愛は、断ち切ることができる。必ず。

そんなわけがないと、思うかもしれない。
そうやって拒否したくなるのは、恋愛ドラマなんかで「恋」と「愛」の違いが語られる時、「愛」はいつも、永遠で揺るぎないものとして登場するからかもしれない。

私自身、今までの恋愛コラムやTwitterで、「愛は揺るぎない」という類の言葉を書いたことがあると思う。

たしか、愛は強く揺るぎないものだったはず……。誰もの頭にその記憶がある。だからこそ、「愛は断ち切ることができる」という言葉は、少しばかり受け入れられづらいかもしれない。

だけど、ここではっきりしておきたいのだ。
忘れるべきだ、忘れさえすれば幸せになれる、ともがく恋愛物語の中に、そもそも本当の意味での「愛」は存在しない。

あなたが思っているその揺るぎない愛は、恋が形を変えた愛ではなく、ただの執着なのである。

執着から来るその思いは、一見「愛」のようで、手放すことが難しい。

それが愛だと錯覚して、一生断ち切ることができないかもしれないとすら思う。

でも、違う。

あなたが「愛」だと思っているその執着は、必ず断ち切ることができる。

そして断ち切って振り返った時、もしも過去の恋愛について考える時があれば、

「あれが愛？　んなわけ」と、必ず自分自身に突っ込む時が来ると思う。

終わった恋愛には、正しい評価ができるものだから。

だから私は、あえてこう言葉にした。

「愛」は断ち切ることができる。

では「愛」を断ち切った先に、「思い出」はどうなるか。

残念ながら、その記憶は変わらず、あなたのもとから消えることはない。

だけど、それは形を変える。

思い出はいつしか形を変え、蘇っても悲しみを呼び起こさないものとなる。

素敵な思い出になるかもしれないし、後悔する思い出になるかもしれないけれど、とにかく、あなたを縛り付ける思い出は形を変え、あなたの人生を彩る記憶になるはずだ。


嫌いになることの難しさは、愛した人にしか分からない。

だけどその方法として有効なのは、思い出を消そうとする前に、愛を消そうとすることだ。

その人との記憶は消えない。だけど、愛することを断ち切ることはできる。

あなたの人生は、あなたを幸せにしてくれる人や物で溢れさせるべきだ。

「さよなら」を恐れるのをやめる

――別れは、誰にでも平等にやってくる。終わりを恐れて尻込みするのって、多分人生で一番無駄な時間だと思う

「傷つきたくない」その想いが邪魔をした出会いが、どれだけあるだろう。
「傷つきたくない」その想いが、どれだけの手を払いのけただろう。

慎重になることは、悪いことではない。
いろんな恋愛を重ねながら、一度失敗した選択の正しい答えを蓄えていくのは、むしろ良いことかもしれない。

だけど絶対に、恐れてはいけないものもあると思う。

それは、「さよなら」だ。


誰かと出会った時、いつも抱えるものがある。

それは、「どうせこの人とも別れがくる」という諦めの感情だ。

目の前に幸せがあっても、今にも手が届きそうなところに見えていても、「どうせ」という感情が手放しに喜ぶことを邪魔する。

どうせ終わりが来るのなら、この幸せさえも悲しい思い出になるのならと、手にとることさえ躊躇してしまうのだ。

だけど私はやっぱり、それだけは間違えているって思うんだ。


人はいつか死ぬ。

どんな物とも、人とも、場所とも、別れがくる。

それは100％の確率で、変えることができない真実だ。

「さよなら」があるのは、恋愛だけじゃない。

どんな出来事も、向かっているのは「さよなら」というゴールだったりする。
だから私は、そこを悲しんで足踏みするのをやめて、「どうせ」から、「だから」に変えるべきだって思う。

いつか別れがくる。だから、大切にする。

「さよなら」からは、逃れられない。
だからそれを恐れるのはやめて、受け入れて、その「さよなら」をよりよく、あたたかいものにする努力をした方が、きっと恋愛も、前向きになれるんじゃないかなって思うんだ。

「一生一緒にいよう」って、なんだかいい加減で、つまらない言葉だなって思う。
私はそんな曖昧な約束よりも、「いつかお別れが来るかもしれないから、今を楽しもうね」って、その瞬間を生きたい。

ずっと先の未来を担保に今を我慢するよりも、今そのものを楽しんで、感じて、噛み砕いて、大切にしたい。

傷つくことは怖い。

別れは人の心を深く傷つけるし、その痛みを感じるのが怖くて、避けようとするのも理解できる。

だけど、人生は一度きりで、必ず終わりが来てしまう。

だから、必要以上に恐れるのはやめて、飛び込んでみるっていう選択肢を持つことも、時には大切じゃないかなって、そう思う。

私は看護師だったから、人の死んでいく瞬間ってのを、何回も目の当たりにした。

それは想像以上にあっけなくて、そして、私にとってはやっぱりグロテスクだった。

人は老いていく。

水分が抜けていき、筋肉がかたくなり、骨が動かなくなる。

ベッドの上で痛みにだけ耐えながら死んでいく時、人を支えるのはきっと、思い出だけだと思う。

ベッドサイドで死にゆく患者さんたちが語るのはいつも、しなかった事への後悔だ。

「あの時ああしたら良かった」という話を聞くことはあっても、「あの時ああしなければ良かった」を聞くことって、意外にもそんなになかったりする。

そんな彼ら、彼女たちを見ていると、目の前にある幸せの終わりを見据えて怖気付く自分自身に、うんざりしたものだ。

いくら幸せな日常があっても、いつか「さよなら」がやってくる。

あなたはいつか、彼を忘れるだろう。

彼はいつか、あなたを忘れるはずだ。

別れの日が来ることは、分かりきっている。


だけど、それがなんだ。

「さよなら」がなんだ。

そんなものを恐れていたら、自分が死ぬ時に思い出す記憶さえ作れないまま、死んでいってしまう。


だから私は思うんだ。

「さよなら」だけは恐れるな。

「さよなら」があるからこそ、そこに手を伸ばせって。

限られた人生の中、大切な人と過ごせる時間が1秒でも与えられるのなら、迷わず摑み取るべきだと思う。

通りすがりの幸せそうな女の子にも、人ごみの中で泣きたくなる夜がある

――あなたには、帰り道に涙が溢れ出てきて電車に乗れなかったことってある？　そんな夜を越えたあなたは、多分きっと、大丈夫なんだと思う

何かがあった帰り道、たまらない帰り道。

涙を溜める私とは裏腹に、街や人々は悲しいくらいに日常を押し付けてくる。

歩道橋、イルミネーション。全てがドラマチックに見えても、それは自分の中だけであって、周りの人たちは同じ景色の中、いつも通りの日を過ごしているのだ。

だからこそ、通り過ぎていく人たちの波の中でふと、自分が取り残されたような

気持ちになる。

幸せそうな人、笑顔、忙しそうに凜とした背筋で堂々と歩く人。

そんな人たちの中で背中を丸めて地面を見つめたあなたは、さっきあったたしかに傷ついた出来事を思い出す。

ぶわっと胸の奥から涙がせりあがってきて、鼻の奥をつんと刺激する。

「どうしよう、泣いてしまう」

関係のない人の前でなんて泣きたくない。

きっと変な人だと思われる。

こんなところで泣くなんて、ばかみたいだ。

……ばかみたいだ。

手をぐっと握って、目に涙を溜めるあなたの気持ちが、私には想像できる。

私にもあったから。そんな日が。そんな夜が。

あなたは、帰り道に涙が溢れ出てきて、電車に乗れなかったことってある?

夜の街の人ごみの真ん中で立ち止まって、涙を飲み込んだことは？

人はどうして、悲しむための出会いを繰り返してしまうのだろう。
どんなに楽しい時間を過ごしても、どんなに相手を好きになっても、いつだって
こうやって終わってしまう。
幸せな思い出があればあるほど、終わったあとの傷はひどく深く痛む。
こんなことなら、もう誰とも出会いたくないって、そう思う。

人は一度傷つくと、「どうせ」とか、「また」とか、そうやって予防線をはるようになってしまう。

私たちは静かに大人になりながら、自分のはった予防線に巻きつかれてがんじがらめになって、身動きがとれなくなっていく。
どんなに幸せな瞬間の中にいても、あの日感じたつんとした鼻の奥の痛みが蘇って、尻込みしてしまうのだ。

傷つきたくない。

だからもう、幸せを感じることからも逃げてしまいたい。

だって幸せを感じれば感じるほど、傷ついた時にはその思い出が胸をえぐるから。


一度傷ついた私たちは、どうやって生きていけば良いのだろう。

抱えた過去を忘れることはできないし、怖がることをやめて目の前の幸せに飛び込めるほどの勇気はないし。

だけどやっぱりどこかで、「傷つかない幸せ」はないかって、探している自分がいる。


どこかにあるのだろうか、そんな幸せが。

私はどこかで見つけられるだろうか、そんな幸せを。

私はそうやって若い頃、傷だらけのどうしようもない心を抱えながら、悪い意味の割合を多く含んだ疑心暗鬼で、恐々と幸せに近づいては壊し、「ほらね、やっぱりね」って、妙な安心感を得て過ごしていた。

幸せになれるわけがないと愚痴を吐きながら、都合の良いお手軽なあたたかさにしがみつこうとしては、失敗して、また傷ついた。そして思うのだ。どうして私だけが？　って。

だけど、振り返った今思うのは、あの時涙をこらえている私の周りを通り過ぎていった人々にも、多分こんな夜はあって、だけどみんなそれを抱えて、抱えたもの同士が出会って、そして「幸せ」を、おそるおそる作っていくんじゃないかなってこと。

気休めは言いたくないいし、傷つくことはやっぱり少ない方が良い。だけど確実に言えるのは、傷ついた私も、あなたも、ちゃんと幸せになれるってこと。

そのタイミングは必ずやってくる。

あなたが待つことをやめなければ。探すことを、諦めなければ。

「幸せになりたい」という気持ち

パクチーサラダ

私はパクチーが苦手だ。
でも、一部の人にとってパクチーは、永遠に食べ続けられる、
かっぱえびせんのような存在らしい。

誰にでも受け入れられる野菜も、たくさんある。
癖がなく、歯ごたえが良くて、みずみずしい野菜たち。
パクチーも彼らに、憧れたかもしれない。

だけど私は、パクチーのような野菜があったって良いと思うんだ。
ちょっと癖があって、オリジナリティがあって、
一部の人に、ズバッとささる存在。
それって最高にかっこいいじゃない。

そして、人生も同じだと思う。
私はどうせなら、パクチーのような人生を歩み、
パクチーのような幸せを目指したい。

幸せって、なに？

――みんながみんな、望んでその場所にいるはずなのに、たどり着くたびに違う何かを求めている。「幸せはなにか」って、永遠のテーマだ

自分にとっての「幸せ」が、他の人とは違うものなのかもしれないなあと思った出来事があった。

それは大阪にある、大きな無印良品に行った時に起こった。

私はたまたま、スイーツの棚にあるありふれたプリンを手にとって、「えっ」と小さく驚いた。

なんの変哲もないプリンが、ひとつ９００円で売られていたのだ。

何か特別なものが入っているのだろうかと原材料を見てみても、そこには何も特別そうなものが入っていない。

こんなに高いもの、誰が買うんだろう……。純粋にそう思って手にとったプリンを商品棚に戻して足を進めようとした瞬間、私の足元に、何かがぶつかった。

ドンっという感触につられて下を見ると、そこには3歳くらいの男の子が立っていた。

あっけにとられている私の方を見て、その子はすっとお辞儀をして「ごめんなさい！」と言う。

礼儀正しい子だなと思って声をかけようとしたその瞬間、その子は私の前をすっと通り過ぎて、さっき私が商品棚に戻したプリンを指差して、こう叫んだ。

「ママ！　このプリンが良い！」

男の子が叫んだ先、つまりは私の後ろ。

振り返るとそこには、その男の子と同じボーダー柄の服を着て大きなお団子を頭にのせたその子の母親であろう女性が立っていた。

その女性は私に「すいません」と笑顔で会釈してから男の子の方に向かうと、900円のプリンをすっと手にとって、何かを吟味しはじめた。

私はその、プリンを手にとって何かを吟味する、何も面白くないのに口角が上を向いた「丁寧な暮らし」をしそうな誰かの頭にのった、計算された無造作なお団子を、じっと見つめたあと、気まずすぎて動けなくなった。

かぶってる。

何がって、ボーダーが。

私もその人も、男の子も、ボーダー柄の洋服を着ていた。

しかも参ったことに、色も、一緒。

黒と白が順番に整列された、ありきたりなボーダー柄。

同じ店で同じ柄の服を着ている私たち。

一瞬、「あれ、同じじゃない?」と思ったけど、何でかよく分からないけれど、彼女たちと私は、すごく違った。

何が違うんだろうと考えながら、恥ずかしくて動けない私の前で、なんの基準をクリアしたのか分からないそのプリンは、とにもかくにもオーディションをパスし、見事彼女の持った買い物カゴへの仲間入りを果たした。

私が商品棚に戻したそのプリンが入り込んだカゴの中にはすでに、見たことのない野菜数点と、乾燥したチアシードが入ったカラフルなボックスが入れられている。カゴの中身を見たところで、今日の晩ご飯がなんなのかすら、全く予想ができない。

私は自分の右手に握られた大盛りのカップ麺を、ちょっとだけ、棚に戻しに行きたくなる。

「あぁ」と思った。

彼女たちは同じ場所にいるけれど、私とは違うんだ。

生きてきた世界も、生きていく世界も。

きっと私が商品棚に並べられていたとしても、彼女の買い物カゴのオーディションにすら書類落ちするのだろうな、と思った。

彼女たちの口に合わないはずだ。

だって何もかもが違うから。

私の暮らしはどちらかというと「てきとうな暮らし」で、それは「適当」ではなく、「テキトウ」に近かった。

「わざわざオーガニックにしなくても良いからせめて300円にしてよ」って、あのプリンを見てそう思う私は、いくら同じ模様の服を着て同じ世界の住民になりきろうとしても、彼女たちにはなれないのだ。

悲しくも苦しくもないけど、にがい。そのにがさはいつまでも口に残る不快なもので、私はその味を、いつまでも持て余していた。


余談だけれど、私はこの章の冒頭で書いた通り、パクチーが嫌いだ。

ちょっとよく分からないかもしれないけれど、あの丁寧な暮らしをしそうな女の人とか、その横にいた小さな人間は、パクチーが好きだと思う。よく分からないけれど、絶対に。

パクチーってのは、好きになるか嫌いになるかが遺伝子レベルで決まっていて、生まれた瞬間から嫌いな人はどう頑張ったって、好きにはなれないらしい（本当か嘘か知らないけれど）。

遺伝子に組み込まれた嫌悪感。そんなのどうしようもない。

いくら私だって、遺伝子からは逃げられないし、反対側には歩み寄れない。

なんていうのだろうか、あの時、そういうどうしようもなさを感じたのだ。

「君は彼女たちと同じように、あのプリンを手にとって幸せを感じられるような世界線にはいられないのだよ」って事実は、自分ではどうしようもできなくて、生まれた時から決まっていたのだと思う。

パクチー嫌いが組み込まれる時くらいに、一緒に組み込まれちゃったのではないかって、そう思うのだ。

私は去って行く彼女たちが眩しすぎて、直視できなかった。

同じような服を着ているのが恥ずかしくて、さっと隠れたあと、自分が着ているワンピースが毛玉まみれなことにも気づいた。

幸せになりたかったはずなのにな、おかしいな、と、思った。

小さい頃は「ああいう未来」を普通に夢見ていて、夢見ていたらちゃんと叶うって、そう思っていたのに。

今ではどこまでも別世界で、どこまでも届かなくて、どこまでも幻だ。ああ、おかしいな。

「結婚」「すきなひと」「こども」「しあわせ」

当たり前のように持っている、私より頑張っていないあの子を知っている。

突然その子たちが頭に浮かんで、なんだか憎らしくなった。

だけど思うのは、たしかに思うのは。

多分おそらく、幸せに正解はない。

幸せだからって、苦しみや悩みや葛藤がないわけでもない。

多分あの親子にだって、そういうものはあると思う。

私たちはそういう黒いものもちゃんと抱えながら、自分の思う心地よさを探して、大切にしていかなくてはならないのだと思う。

それが彼女たちにとってはあのプリンで、私にとっては大盛りのカップ麺だった。

それだけだ。


この歳になって、「幸せってなんだろう」とよく考える。

読者から届く「幸せってなんですか?」という言葉をなんとなく眺めながら、果たしてこの子にとっての幸せと、私にとっての幸せは同じものなのだろうか? と小一時間悩んだりもする。


結婚した友達は独身でいる私を羨ましいと話すし、同じく独身でいる友達は、「結婚したい」と嘆いている。

幸せってなんだろう。

その形のない何かは、どこにあるのだろうか。

みんながみんな、望んでその場所にいるはずなのに、たどり着くたびに違う何かを求めている。


幸せってなんだろう。

誰かに決められることだろうか。

幸せは誰かに評価される、正しい形でなければいけないのだろうか。


いいや、違うと思う。

幸せのカタチは、あなたが決めるものだ。あなたが決めれば良い。

あなたが幸せだと感じるのなら、それが幸せだ。


そして、いつか終わってしまうこの人生において、幸せがゴールだ。幸せだけがゴールだ。

あなたとあなたの大切な人が幸せなら、他の人が何を言っても関係ない。
あなたにとって、あなたの幸せが一番大事。それがゴールだ。

だから、あなたが幸せだって心から思えるのなら、それを信じれば良いと思う。

あの日無印良品から帰って、大盛りのカップ麺を食べていると、高校時代の友達からラインが届いた。
すっぴんで変顔をした写真と一緒に「うちらどうしようもないね」って文面が送られてきただけだったけど、心の底から笑ったし、私も「どうしようもないね」って送り返した。

そこにプリンはないけれど、だけど私はその瞬間、やっぱり幸せだったのだ。
あなたが幸せだと思うなら、それが幸せ。
それが今のところの「幸せってなんですか?」の、答えだ。

運命とは、「ビビッ」とくるかよりも「ん？」がないか

――胸の真ん中に落ちる雷を求めるのも良いけれど、実は一番重要なのって、もっと穏やかで、心地の良いものなんじゃないかなって思うんだ

まずはびっくりする事実を伝えておきたい。
驚くと思うけど、優しい人といると、「なんでこんなことを言うんだろう」とか「どうしてこんなにひどいことができるんだろう」って、一度も思わないまま、一年以上が経過したりします。

やばくないですか？

私はそのことを知らなくって、随分と苦い恋愛を「これが普通なんだ」って思い込んで長い間生きてきた。

だけど30歳手前になって思うのは、そんなの全然普通なんかじゃないってこと。

浮気が心配で携帯を覗きたくなるのも。

何回も嘘を吐かれて感情が麻痺してくるのも。

傷つくことを平気で口にする誰かの横にいようとするのも。

その全てが、「普通」じゃない。


恋愛をしていると、目の前にいる彼が誰よりも素敵に見えるし、目を覚ますのに他人の声をきっかけにするのはとても難しいけれど、きっとその恋愛が終わる時「そういやyuzukaってやつがそんなこと言ってたな」って、そんな風に思う時が来ると思う。

よく、運命の人に出会ったら「ビビっ」ってくるんだよ、なんてことを言われるけれど、あれは本当のようで、ちょっとだけ誤解しやすい表現だと思う。

恋愛初期なんて誰と会ってもビビっとくるわけだから、それだけを鵜呑みにしていたら、どれもこれもを運命だと錯覚して、捨てるべき恋愛も捨てられなくなってしまう。

それから反対に、せっかく本当は相性が良いのに、刺激を求めるあまりにその人が自分にとっての大切な人だと気づけずに、通り過ぎてしまうかもしれない。

ということで、運命の相手かどうかを精査する時、私が何よりも大切にすべきだと感じるのは、「ビビっ」とくるかではなく、「ん?」がないかである。

出会った頃に感じた「ん?」という違和感を放っておくと、だいたいはそれが別れの理由になる。

その頃は幸せいっぱいで目に入れても痛くない相手なわけで、そんな相手に対して「ん?　なんだかおかしいな?」って感じる時点で、その違和感は相当大きなものなのだ。

怒った時に口が悪くなるとか、
家事を自然に押し付けてくるだとか、
ちょっとした言葉の端々に感じる違和感だとか。
そういう小さな「ん？」をできるだけ感じない人こそが、あなたを大切にしてくれる運命の人だと思う。

恋の感情は、長く続かない。

「ビビっ」ときたその衝撃的な感情は、もってせいぜい数年だ。

恋は愛に変わり、そのうちそれはときめくようなウキウキしたものから、落ち着いた抑揚のないものに変わっていく。

そうなった時にもお互いを受け入れられる相手。

ときめきの要素を失っても、魅力的だと思える相手。

そんな相手こそが、運命の相手だってことを、覚えていてほしい。


今隣にいる彼に対して、「なんだかなあ」って考えているそこのあなたも、よく考えてみて。

本当に手放して良いのか。本当にその人は、あなたにとって大切な人ではないのか。

王子様って意外に、一番近くでジャージを着ている人だったりするんだよね。

私の友人に、性格抜群な文句のない美人がいる。

いろんな男性から言い寄られている彼女だが、もうここ5年、彼氏がいない。

欲しくないのかな、なんて思ったけれどそうじゃなくって、その子はいつも私に「彼氏が欲しい」「結婚がしたい」「出会いがない」と嘆いてる。

芸能関係の仕事をしている彼女に出会いがないわけがないし、そういう場所にいて、モテないわけがない。

不思議で話を掘り下げてみると、やっとその理由に気づく。

その子は「ビビっ」と、にこだわりすぎて、自分にとっての相手を選べなくなっていたのだ。

好きになれそうな人とか、一緒にいて楽しい人とか、その子のことを大事にしてくれる人とか。

そういう人は一通りいるけれど、だけどどの人も、彼女からしてみれば「ビビっ」が足りない。

胸を打ち抜くような、「この人しかいない！」と確信するような感覚が持てない。だから彼女は困り果てて、5年間、ひとりでいるらしい。

彼女が求めているのはおそらく、ドラマやディズニー映画に出てくるような運命の出会いだ。

そして普段から出会いの多い彼女はときめきの閾値が人よりも高く、なかなかそういう感覚を、見つけられないのだ。

私はそれを、間違いだとは思わない。

実際にそういうぐっとくる何かがある人と出会えて結婚する人もいるし、その未来を目指していくのは悪くない。

だけど実際、幸せそうな夫婦生活を送っている友人たちに尋ねてみると、彼女たちが選んだ相手は王子様でも劇的な出会いをした相手でもなく、「ビビっ」ときた人よりも「ん?」がない人だというケースがほとんどで、やっぱりそういう人と紡いでいく時間こそが、穏やかな幸せに繋がっていくのかもしれないな、とも、思うのだ。

だからこそ、多くの出会いがありながら、真実の愛を見つけられないと嘆いている誰かがいるとしたら、目の前にいる誰かを精査する時、「ビビっ」がないからと切り捨てるわけではなく、ちょっとだけ立ち止まってその人に寄り添ってみてほしい。

もしもその時、あなたの心に安らぎがあるのだとしたら、実はその人が、本当の運命の人かもしれないから。

「幸せ」を継続させるためには「刺激への誘惑」との付き合い方を考える

——手っ取り早く快感を感じられる「刺激」を、「幸せ」だと勘違いしない。お手軽な刺激の先に待つのは、いつだって後悔だから

学生時代の親友が、結婚した。

彼女はいわゆる同志ってやつで、こんなに性格が一致する？　ってくらい、どんなタイミングでもぴったりと、考えていることが全く同じだった。

彼女とも付き合いが10年以上になったわけだけど、そんな相手がついに結婚するのだから、私もいよいよ歳をとったのだなあと痛感した。

というのも私たちは、「なんだかんだで私たちって結婚したくないよね」って、ずっと話し合っていた相手だったのだ。

その理由にはいろんなものが含まれているけれど、何よりものシェアを占めていたのは「怖い」、それに尽きた。

私たちにはお互い、付き合って数年になる恋人がいて、そのお互いの恋人は、文句なしに優しい人だった。

それでも結婚の話題だけはのらりくらりと避け続け、なんとなく踏み込みたくない領域として、傍観していたのだ。

彼女は結婚を決めた時、「おめでとうと言わないでほしい。嬉しくないから」と言った。

年齢のこともあるし、親からのプレッシャーもあって結婚を決めたけど、本当は怖くて仕方がないのだと、ため息をつく。

そして私は、その気持ちを痛いくらいに理解できたから、なんて声をかけたかは覚えていないけれど、だけど多分「おめでとう」は言わなかったのだと思う。

誤解しないでほしい。

私は、今付き合っている恋人を愛している。

結婚を決めた彼女も、彼のことを愛しているはずだ。

浮気をしたいわけじゃないし、彼以上の人が現れるとも、そんなに思っていない。


だけど、結婚という制度は、「この人のことを唯一のパートナーにする」と決めるもので、それはこれから起こりうる全ての刺激的な何かを、振り払うという約束だった。


結婚をしたら、夫以外の異性と深い関係を持つことを避けなければならない。

結婚制度を忠実に守るとしたら、私たちは死ぬまで、他の人とキスやセックスをしないと決めることになるのだ。

もしもセックスレスになったとしたら。

私たちは二度と、セックスしないまま死んでいく。

それだけではない。

結婚をすれば、「家庭」を持つことになる。

いつか生まれてくるかもしれない子どものために自分の人生を捧げなければならなくなるわけで、それは私たちにとって、自分を諦めることに等しかった。

それが、幸せなのだと思う。理解できる。

愛する人たちのために、平和に過ごしてく。

何も変わらない日常に感謝しながら、のんびりと歳をとる。


幸せなのだろう。

それが、幸せなんだ。


だけど、やっぱりそういう日常を考えると、心の中の何かが疼くのだ。

それは多分、「刺激がなくなるのが怖い」という欲望と、毎日を平凡に過ごしていくことへの焦りだと思う。

何も変わらない部屋の中で、歳をとっていく恐怖。

誰にドキドキされることも許されないまま、美しさがすり減っていく恐怖。


私たちはいつだって、ちやほやされるのが好きだった。

自分のお気に入りの服を着て、素敵なバーに行って、そこにいる男性たちに、目をキラキラさせながら口説かれるのが嫌いじゃなかった。


今の彼に不満があるわけではない。

だけど長年付き合っていくうちにとっくに消え去ったときめきは、多分彼相手には、二度と蘇らないことも知っていた。

だけど愛してる。だから、困った。


女として扱われたい。ちやほやされたい。そして、ドキドキもしたい。

そういうことで自尊心を保つってのが安っぽいことだということは分かっていて

も、やっぱり「綺麗な女の子」として扱われる時間は、私たちを手っ取り早く甘美な気持ちにさせたし、それはどう頑張ったって、長年一緒にいる彼には、求められない感情だ。

他人から見れば私たちは明らかに幸せで、パートナーの浮気や辛辣な態度で苦しんでいる友人たちにはいつも羨まれていたし、そんな友人たち相手に「私はこれが幸せか分からない」なんて口が裂けても言えなくて、なんとなく笑って過ごしていた。

でも時々連絡をとりあっている中で、このまま何もなく年老いていくのか？　と、お互い恐ろしくなって、夜な夜な嘆いているのも事実だった。

そんな出来事があったから、余計に「幸せ」について考える時間も増えた。
これで良いのだろうか。これが私の人生なのだろうか。
これが、「幸せ」なのだろうか。
だけど毎晩「幸せ」というのを具体的にイメージしてみようと努力をしてみても、

結局どうしても想像できなくて、浮かんでは消えていく。

じゃあ、経験からはどうだろう。

今までに感じた「幸せ」ってなんだろうって思い返してみると、それは記憶のどこかにある刺激的な一日で、のんびり穏やかで継続的なものというよりは、一時的に光って消えてしまう、花火みたいなものばかりが頭によぎった。

たしかに「幸せ！」って心が震えた気はするけれど、それはその出来事があったほんの一瞬のことであって、そんな「瞬間」は永遠には継続できないから、「幸せになりたい」って、毎日の目標として設定するのは難しそうだ。

そうやって毎晩毎晩、頭が割れるほどに考えていた。

こんなにばかみたいなことを考えているのは私だけなのかなって考えたけど、世間では「昼顔」という不倫をテーマにしたドラマが主婦に流行って映画化までしちゃったわけで、やっぱりみんな、そういう花火みたいな幸せが忘れられず、日常の中でため息をついているのかなって思ったら、正直ちょっとだけ、ほっとした。

芸能人の不倫は社会復帰ができないまでに叩かれるのに、不倫をテーマにしたドラマは高評価を受けるってのも、なんだか不思議だけど。

多分みんな、人を傷つけないように、こういう作品で消化しているのかなって思った。誰も傷つけないように。

別に不倫がしたいわけじゃない。

誰かを傷つけたくはない。

だけど、あの時みたいな、きらめく一日が欲しい。

「幸せ！」って脳内が刺激でいっぱいになった瞬間が、欲しいって。

そうやって考えているうち、あるひとつの答えに行き着いた。

それは、「幸せ」と「刺激」が、実はとっても遠い場所にあるという事実だった。

胸をときめかせたり、きらめく一瞬の「刺激」は、長続きしない。

「幸せ」はもっとゆったりとした、気づきにくい、ぼんやりとしたものなのだと思う。

その「幸せ」ってものを手に入れるためには、まずは幸せに気づくことが大切で、その気づいた幸せをいかに忘れないように毎日繰り返し自分に言い聞かせ続けるかが大切なのかもしれないと思った。


私たちはどうしてもそれが苦手で、手っ取り早く快感を感じられる「刺激」を「幸せ」だと勘違いして、手を伸ばそうとしてしまう。

だけどそれは多分、ドラッグに似ていて、一瞬のきらめきは感じられても、あなたを快適にさせるこの先続いていく「幸せ」とは、やっぱり違う。


幸せの中に生きていると、その温度は次第に体温と一緒になって、感じづらくなっていく。

そして刺激が欲しくなり、外にあるキラキラとしたカラフルなドラッグに手を伸ばしそうになる。

傷つくことも、傷つけることも分かっているのに、それでも平凡に人生を終えることが怖くなる。

私もいまだに何が幸せかって分からないし、ときめきがない人生の中で、決められた相手と老いていくことが正解なのかも分からないけれど、でも、ドラッグは一瞬気持ちよくたって、それに手を出したあとに幸せになった人っていないから、やっぱり「刺激」よりも「幸せ」を優先すべきで、私たちは死ぬまで、その幸せを維持するために我慢していかなくてはいけないのかもしれないなって思う。

実は我慢を伴わない永久的な幸せって、ないんだろう。
幸せでいるためには、何かを諦めなければならないのだ。

なんとなく私たちは「幸せ」が完全無欠で手に入れさえすれば勝利！　みたいな、そんな確かなものだと勘違いしているけれど、実はそうじゃなくて、「幸せ」はいつも不安定で、気づこうとしなければ気づけないほど些細なもので、そして、維持するためには努力が必要なのである。

親友の話に戻る。

彼女は結婚したけれど、結局何も変わらず時々誰かにちやほやされながら、なんとなく楽しそうに生きている。

「結婚しても私は私だよ」って笑う彼女は、一番大切なものさえ決めたものの、自分の人生を捨てたわけじゃないようだ。

それに毎日、彼の空(から)になった弁当箱の話をする彼女は、やっぱり幸せそうだ。

なにごとも、多くを求めると何も持っていないような気がして苦しくなるけれど、自分が持っているものに気づいてそれをしっかりと磨いて見つめていれば、それで十分だって満たされる日が来るのかもしれない。

そのためには苦しいこともあるかもしれないけれど、「幸せ」のためなら、乗り越える価値、あるんじゃないかな。

真夜中に固めた決意は、だいたい間違えている

――つらい時にやってはいけないことは、白黒つけたり、結論を出したりすること。「グレーのまま置いておく」、実はそれも前に進む方法なんだよ

夜って、恐ろしい。

暗く深い空はそれだけで切ない気持ちにさせるし、何よりもひとりで過ごす人が大半なわけで、誰だって膝を抱えてぼーっと暗闇の中にいると、いやでも考えたくもないことが頭に次々と浮かんでくるものだ。

そんな、恐ろしい夜に飲み込まれて、間違った選択をとってしまう人がいる。

会わなくても良い人に会いにいこうとしたり、必要以上に自分を責め立てて、自分を傷つけてしまったり。

送るべきではない相手にメッセージを送ってしまったり。そんな人たちのことだ。彼女たちは夜という闇に取り憑かれて、その孤独感から逃げ出すために、つい、選択を早まってしまうのだ。

そしてそういう時、人は、いつも自分にこう言い訳する。

「別に大丈夫だから」「傷ついてないから」「幸せだから」「別に悲しくないし」って。

そんな「別に悲しくないから」って、苦しい行為を続けているあなたに、ひとつだけ忠告したい。悲しみは、あとからやってくる。あなたが本当に苦しむのは、「幸せになろうとした時」なのだ。

消したい過去の痛みが効いてくるのは、美しい世界に足を踏み込もうとしたその瞬間だ。眩しい世界に照らされた時、自分についている無数の傷に、初めて気づく。

その傷は、汚れた世界にいる時には、濁って見えない。気づかないいんだ。だけど幸せになろうって立ち上がった時、まるで麻酔でも切れたみたいに、あなたの身体中にこびりついた苦しみが、傷が、叫び声をあげる。

「幸せになれるわけがない」

こんなに傷だらけで、幸せになれるわけがない。

嘘をつかれたこと、嘘をついたこと、ないがしろにしたこと、ないがしろにされたこと。その全ての記憶が、あなたの髪の毛を思いっきり引っ張って、引きずり倒そうとする。そして、その時初めて思うんだ。「悲しい」って。

そんな私も、休日のショッピングモールで幸せな家族を見ている時に、突然涙が止まらなくなったからこのエッセイを書いた。

人はね、できるだけ傷つかない方が良い。

「傷つけば傷つくだけ人に優しくなれる」なんて嘘っぱち。

できるだけ愛されて、優しくされて、幸せでいてね。

それが本当の、「一番優しくなれる方法」だと思うから。


知らなかった頃には、戻れない。

傷ついていなかった頃の心には、二度と戻れないのだ。


そしてもうひとつ、もしもあなたに、過去に引きずられて苦しくなってしまう夜があったら。どうかその夜は、考えることをやめてほしい。

真夜中って、正しい判断ができないんだ。


悲しい時に出した結論って、だいたいが間違えている。

あの人に連絡してみようかなとか、もういなくなってしまおうとか。

誰もあなたの近くにいないその闇の中にひとりでいると、マイナスなことばかりが思い浮かんでしまう。

だから、結論を出すのはやめて、白黒つけようとするのを、朝まで待ってほしい。

それにこの世の中って実は、白でも黒でもないことの方が多かったりするんだよ。

どうしてもつらいなら、考えることをやめて、そして元気になろうとしないこと。

うんと悲しい曲を聴いて、自分の感情を否定せず、寄り添ってあげると良い。

人は悲しい時、そこから脱出しようとして答えを急いだり、無理に気分を上げようと、気分に見合わない音楽を聴いて、気を紛らわそうとする。

だけど約束する。

それじゃあ気持ちは回復しない。

だからただ、「悲しいよね。悲しいもんね」って。

答えを出さず、無理に楽しい気分になろうとせず、泣き疲れて眠ってほしい。

前に進んでないように思うかもしれないけれど、「待つ」って実は、前に進む手段だったりする。

それにね、多分明日には、今日出すよりも良い答えが、きっと待っているから。

人生は、終わりのあるゲームだから

──人生は自由だ。あなたが思うよりも美しく、そして、広い。私はどうか、見つけてほしいのだ。あなたなりの「最高のエンディング」を

実は私は数年前まで、自殺未遂を繰り返して、いつ死のうかと悩んでいた人間だ。

あの頃、私はこの世界には絶望ばかりが蔓延していると思っていたし、一部の光溢れた場所には、優れた誰かしか、足を踏み入れられないものだと思っていた。

そしてもちろん、その「優れた誰か」に自分は含まれていないから、それならばもういっそ消えてしまった方がましじゃない？　って、そう思っていたのだ。

だけど自分なりの日々を重ねて、私は「死にたくない今」に立っている。


少し違う場所からこの世界を眺めてみると、そこは希望に満ちていた。

あの頃気づかなかった光が、この世界には溢れている。

人は私が考えるよりもずっと優しい人が多かったし、まだ見たことのない美しい風景や、聴いたことのない素晴らしい音楽があることも知った。


分かってる。

今、昔私がいた暗闇にいる人がこれを読んでも、きっと嘘に聞こえると思う。

あなたもどうせ「優れた誰か」のひとりだっただけでしょって、そう思うかもしれない。

だけど、違う。

私は何者でもない。

弱くて、ずるくて、いい加減で、どこにでもいる誰かだ。

だけど、大切なのは、生まれた時にあなたが何者だったか、ではない。

私たちは、どんなに改良されたグラフィックよりも素晴らしい解像度で作られたオープンワールドのゲームの世界に生きている。

自分でしたいことを選択して、行きたい場所に向かっていける。

ルールはない。

倒さなければならないモンスターもいない。

目の前にある全てのものに触れて、嗅いで、感じることができて、自分さえ望めば、どんな自分にだってなれるのだ。

まあまあ苦い人生を送ってきた私が今伝えたいのは、たったひとこと、「大丈夫」だ。

私、大丈夫だったんだよ。

どれだけ人生を諦めて、蹴飛ばして、いい加減に生きてきていても、大丈夫だったんだ。

もしもあなたが幸せを掴みたいのなら、難しいことなんていらない。

面倒くさいノウハウなんて、気にしなくても良い。

とにかくあなたがこの世界の主人公であることを自覚して、「幸せ」をゴールに設定すること。

そして、「大丈夫」だと信じること。

嘘みたいだけど、それだけで良い。


人生はいっかいきりだ。

人は、どうせ死ぬ。


だからこそ、だからこそ、あなたは、あなただけのために生きてほしい。

あなたを大切にしてくれる、あなたの大切にしたい人だけを大切にして、生きてほしい。

苦しいことが多い世の中だけど、でも、忘れないで。
この世界は、素晴らしい。
あなたは、大丈夫。

明け方、大きな窓の外に光が差す頃、
あるテーブル席に、チョコバナナサンデーが運ばれてきた。

そこにはさっきまでその席でひとり泣いていた女の子が座っていて、
届いたサンデーに向けて手を合わせたあと、
小さなスプーンを手にとって、
上にのったアイスクリームを、とってもゆっくりと口に運んだ。

そしてようやく微笑んで、「美味しい」と言ったのだ。
泣きはらしたあとの、真っ赤な目のままで。

それは「こんな時間に」とか「カロリーが」とか
そんなことを全部ふっとばした、元気を出すための一歩のように見えた。

人生は、いつも思い通りにいかない。
「越えられないんじゃないか」っていう、夜もある。

だけど、覚えていてほしい。
使い古した言葉だけれど、胡散くさいけれど、やっぱり、
越えられない夜なんてない。絶対に。

私はあなたに、
あなたにとってのチョコバナナサンデーを見つけてほしい。
人生を踏ん張る時に必要な最後の綱は、そういう、
何気ないものだったりするから。

yuzuka

恋愛作家、エッセイスト。

1991年生まれ。合言葉は「あなたには、幸せになる権利がある」。精神科、美容整形外科の看護師として働いていたほか、風俗嬢の経験もある。Twitterのフォロワー数は女性を中心に11万人超え。著書に『大丈夫、君は可愛いから。君は絶対、幸せになれるから。』(KADOKAWA)、『Lonely? ねえ女の子、幸せになってよ』(セブン&アイ出版)がある。
◆Twitter:@yuzuka_tecpizza

君なら、越えられる。涙が止まらない、こんなどうしようもない夜も

2021年4月1日　第1刷発行
2021年6月1日　第2刷発行

著者　yuzuka
発行者　佐藤　靖
発行所　大和書房
〒112-0014　東京都文京区関口1-33-4
電話 03-3203-4511

ブックデザイン　西垂水敦・松山千尋(krran)
イラスト　mame
本文印刷　信毎書籍印刷
カバー印刷　歩プロセス
製本　ナショナル製本

ISBN978-4-479-77230-9
乱丁・落丁本はお取替えいたします　http://www.daiwashobo.co.jp